Die Weisheit des Gärtners

Gilles Clément

Die Weisheit des Gärtners

Aus dem Französischen
von Brita Reimers

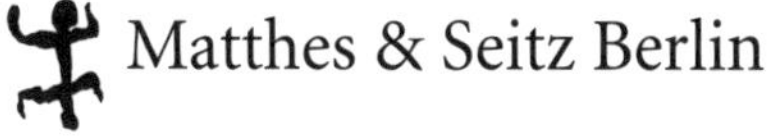

Matthes & Seitz Berlin

1
EINE GARTENTOUR

Die Welt der Gärten zählt auf die Gärtner, ohne sie gäbe es nichts. Aber um sich versammelt sie Vertriebs- und Werbeleute, Unternehmer und Händler, Journalisten und ein ganzes kenntnisreiches Volk, das darauf eingespielt ist, darüber zu reden, und das man Amateure nennt. Von *amare*, lieben.

Der Gartenamateur ist nicht nur irgendein untätiger Zuschauer. Er ergründet, reist und vergleicht, er informiert sich und nimmt an Veranstaltungen, Kolloquien und Symposien teil, er bildet sich eine Meinung und kultiviert sein Wissen durch Verfeinerung. Er ist ein Sachkenner. Während heute ein Wort wie »Leidenschaft« pauschal die ganze Bandbreite geistiger Vergnügen umfasst, ist »Amateur« durch den Gebrauch abgenutzt und bezeichnet einen nichtprofessionellen und also oberflächlichen Menschen, der unfähig ist, eine Frage im Kern zu erfassen. Der Gartenamateur bildet eine Ausnahme.

Der Amateur ist natürlich kein Gärtner. Der Gärtner kann nicht Amateur seiner eigenen Kunst sein. Es gibt keinen Gärtner-Amateur, aber sehr wohl Gartenamateure.

Für eine kurze Zeit treffen sie einander zu einer Gartentour. Der Gärtner teilt seine Erfahrung mit, die der Amateur sogleich in seine Privatarchive einordnet. Der Amateur besitzt hinlänglich Informationen (begleitet von Träumen), um selbst die Besichtigung eines unbekannten Gartens zu unternehmen und zu kommentieren.

Befragt, was er sieht, spricht der Amateur vom Areal und den Arten, die sich dort entwickeln. Bei jeder Gelegenheit stellt er seine Fähigkeiten als Botaniker zur Schau – Zierpflanzenbotaniker? –, nichts ist ihm unbekannt, was die Flora der Gärten betrifft. Minutiös beschreibt er die Pflanzen, hebt ihren Seltenheitsgrad hervor, die Schwierigkeiten, sie in der Welt aufzustöbern, zu transportieren und richtig einzuordnen.

Die besten Bedingungen für seinen Höhenflug schafft ein aufmerksames Auditorium. Wenn nichts sein Reden unterbricht, nichts die begeisterte Sprechblase platzen lässt, in welcher der »Amateur-Führer« seine Erregung hält und nährt, kann es sein, dass man auf die Geschichte stößt und in ihren Strom gerät. Dann entdeckt der von einer inneren Glut besonders erleuchtete Amateur, von einem Indiz zum anderen fliegend, im Garten die Ruinen von Babylon, einen heiligen Hügel, auf dem man das Andenken der griechischen Philosophen pflegt, im Grunde des Tals ein von Alexander vernachlässigtes Wasserbecken aus der Mogulzeit, eine Säulenhalle im Mudéjarstil, in der Boabdil seufzte, als er die Alhambra verließ, und immer so weiter, bis die Zitate erschöpft sind.

Ermattet zieht der Amateur seine Schlussfolgerungen und kündigt glücklich das Datum einer späteren

Besichtigung an: demnächst der Garten von Herrn und Frau Sowieso. Sehr gut geschützt, unzugänglich sogar, ein Privileg. Ausnahmsweise haben die Eigentümer sich bereit erklärt, uns zu empfangen, Fotos sind erlaubt – unter der Bedingung, sie nicht zu veröffentlichen, etc. Man wird sich dort in »Ohs« des Entzückens ergehen.

Mein ganzes Mitgefühl gilt Herrn und Frau Sowieso, die, wie ich übrigens weiß, nicht völlig abgeneigt sind, ihr Meisterwerk zu zeigen, wobei sie jedes Mal versichern, dass jetzt gerade der schlechteste Moment des Jahres sei: Sie hätten einen Monat früher kommen sollen!

In diesem Fall gibt der Amateur sich nicht geschlagen. Er beginnt, über das Wetter zu reden.

Trockenheit, Windstöße und Tornados, Frost, Wolken und Bauernregeln sind eine unerschöpfliche Quelle der Verzweiflung und Ursache gärtnerischer Strategie.

Obwohl in allem Fachmann, entgeht dem Amateur der Rhythmus von Schlechtwetterperioden. Der Himmel und seine Veränderungen betreffen die ganze Menschheit. Jeder kann von einem Geschehnis erzählen, dessen Opfer er war. Geteiltes Unglück verbindet die Menschen zu einer solidarischen Front gegenüber der Natur. Jeder wächst an einem Schicksalsschlag und erkennt gleichzeitig, dass der seines Nachbarn auch nicht belanglos ist.

Mit dieser meteorologischen Übereinstimmung geht zu Ende, was man in der Universalsprache eine »Gartentour« nennt. Die (je nach Wetter) feuerfeste oder wasserdichte Horde löst sich auf, nachdem sie sich in Dankesbekundungen ergossen hat.

Damit scheint alles gesagt zu sein.

Durch die Umstände und meinen Beruf zähle ich mich zwangsläufig zu den Amateuren und Sowiesos. Wenn ich durch meinen eigenen Garten führen soll, halte ich für die unbedarften »Amateur-Besucher« ein erprobtes Klagelied bereit. Der Wirbelsturm des Winters 1999 hilft mir über meine Erwartung hinaus (und während ich dies schreibe, verspricht die Trockenheit des Sommers 2003 Beistand).

Die »Walachei«[1], wo es interessante ombrophile Arten gab, ähnelt heute einem Brombeergestrüpp. Gärtnern grenzt hier an Heroismus. Es genügt, mit gleichgültiger Miene einige Überlebende der Katastrophe zu benennen und dabei in »Siouxart« durch einen dornigen Korridor zu dringen, um bei den Besuchern das Gefühl zu erwecken, an einem Abenteuer teilzunehmen.

Einen Buschhut auf dem Kopf, bewaffnet mit einer Gartenschere und beim Herannahen einer plötzlich monströs gewordenen Rambler-Rose zur Machete greifend, biete ich eine Ökogartentour, werde zum Ökoführer und werfe einige nützliche Warnungen in die Menge:

»Achtung bei der Furt, im Wasser sind Blutegel.«

»Gehen Sie nicht zu dicht an den Bärenklau, der Saft dieser Pflanze verursacht bei der geringsten Berührung Verbrennungen« (bereitwillig erklärt der Führer den photosensibilisierenden Effekt des Riesen-Bärenklaus aus dem Kaukasus mit einigen Beispielen). Oder auch gerne – in einem eher vagen Ton:

»Der Fingerhut ist genau wie die Eibe und der Schwarze Nachtschatten ein starkes Gift ...«

Das Ziel ist, die Besucher auf liebenswürdige Weise in Angst und Schrecken zu versetzen, ohne sie tatsächlich zu gefährden. Durch diese Dosierung der Informationen zeigt sich die Natur in ihren Gegensätzen, einladend und grausam, dunkel und strahlend, in der Lage, durch ein an einem beliebigen Punkt der Landschaft wahrgenommenes Bild Unruhe und Bewunderung zu wecken. Was die Besucher interessiert, ist nicht so sehr das Leben; vielmehr das, was es gefährdet.

Was geschieht nach der Besichtigung? Hat der Führer noch genug Energie, um wieder Gärtner zu werden?

Ein Geräusch jagt das andere: Der Gesang der Vögel ersetzt das menschliche Geschwätz. Allmählich nehmen die Tiere ihren Platz wieder ein und zeigen sich. Man hatte sie vergessen. Zu Recht, da sie sich versteckt hatten.

Doch gleichzeitig mit der Gartentour glaubte man, eine Fragetour gemacht zu haben. Flora, Stil, Architektur und Ornament, Licht und Wasser, das Wetter gestern und heute, nichts schien bei der Beschreibung zu fehlen. Ein Garten-Objekt, bestimmt für jenen, der es wie ein Bild betrachtet. Ein Ort der Annehmlichkeit für den, der ihn wie einen Hort der Sauberkeit instand hält. Anerkannte Verlängerung eines gründlich gescheuerten Hauses. Die anderen sichtbaren oder unsichtbaren Bewohner dieser überwachten Umgebung scheinen dort kein Existenzrecht zu haben.

Von frei lebenden Tieren sprechen die Gartenbücher nicht; es sei denn, um zu erklären, wie man sie bekämpft.[2]

Von den natürlichen Bewohnern ist niemals die Rede. Hartnäckig schweigen die Werke über die Maulwürfe in Babylon, die Maikäfer in Villandry, die Libellen von

Versailles und die Nattern der Alhambra. Dabei müssen sie ihre Bleibe immer noch dort finden. Allerdings wirkt keines der Tiere an der Kunst mit, als die diese Gärten sich verstehen. Die Tradition schließt alle lebendigen Tier- und Pflanzenarten, die sich der Herrschaft des Gärtners entziehen, aus dem gestalteten Garten aus. Die vagabundierenden Lebewesen haben dort keinen Ort.

Der Durchbruch der Ökologie bringt diese Auffassung durcheinander. Sie interessiert sich grundsätzlich für die ganze Natur und nicht für den Garten im Besonderen. Dennoch ist der Garten aus Natur gemacht. Vögel, Ameisen, Pilze, Insekten und leichte Samenkörner kennen keine Grenzen zwischen zivilisiertem Gebiet und Wildnis. Sie können überall leben.

Der unaufhörliche Zustrom beweglicher Arten bedeutet eine beträchtliche Energie, gegen die jeder gärtnerische Kampf zum Krieg wird. An Waffen fehlt es nicht. Die einschlägigen Geschäfte sind voll davon. Doch was da zur Verteidigung geboten wird, greift den Garten in Wirklichkeit an: an der Spitze des Angebots ein unerhörtes Arsenal von Antimaulwurfprodukten, gefolgt von verschieden gefärbten Pulvern zur Ausrottung von Ameisen, Waldmäusen, Nacktschnecken, Blattläusen, Spinnmilben, Weißen Fliegen, Schildläusen, Fadenwürmern etc.

Im Garten meiner Kindheit musste man sich den Regeln beugen: dem kommerziellen Diktat ohne Widerspruch folgen. Wir mussten ausräuchern, sprühen, verbrennen und jäten, die rebellische Natur in ihrem verheerenden Erfindungsreichtum auf jede Weise traktieren.

Ich hatte gelernt, den Maulwürfen Angst einzujagen, indem ich Flaschen mit zerbrochenem Boden in die Erde drückte, den Flaschenhals so nach dem Wind ausgerichtet, dass er Töne erzeugt, die das Tier verscheuchen. Der bespickte Rasen war zum verminten Gelände geworden und verursachte einige Unfälle. Vor allem aber zog er sarkastische Bemerkungen der Bewunderer der *greens* auf sich, die in diesem Meisterwerk eine klägliche Variante der Arte Povera sahen.

An geeigneten Stellen legten wir auch einige Glasscherben aus, die der in Umgehungen geschickte Maulwurf mied. Da er als vermeintlicher Bluter durch die geringste Schnittwunde umkommt, hätte er das nicht überleben sollen. Nie haben wir den Kadaver eines verbluteten Maulwurfs gefunden. Nur der Glasbruch kam an die Oberfläche und schmückte den Rasen mit glitzernden Farben.

Die Gartenschlauchtechnik mit ihrem enormen Wasserverbrauch zeigt demjenigen seine Grenzen, der hofft, auf diese Weise die unterirdisch lebenden Tiere zu ertränken. Weit vom gefluteten Loch entfernte Pfützen decken das Fassungsvermögen des Gängenetzes ziemlich schnell auf. Über die Maßen groß und zum Verzweifeln.

Die rauchentwickelnden Raketen funktionierten im Garten meines Vaters nur ein einziges Mal. Es grassierte ein Gerücht: Der dem Senfgas ähnliche Rauch habe zwei Gärtner, die sie zündeten, ins Krankenhaus von Guéret gebracht. Nachdem wir mit den verschiedensten Ködern experimentiert hatten – darunter die Regenwurm-Fertigmasse von einem wenig appetitlichen bräunlichen Grau, die man schnurgerade aus einer Zahnpastatube drücken und dabei aufpassen musste, das Produkt nicht mit den Fingern zu berühren (der »menschliche« Geruch, sagten wir mit verständiger Miene) –, waren wir uns einig, dass nur die ernsthaften, durch die großen Giftmischer der Geschichte bezeugten Gifte uns versprachen, zum Ziel zu kommen: die Maulwürfe zu vertilgen.

Strychnin-Mord an Maulwürfen erfordert Erfahrung und Geduld.

Wir führten die Zeremonien mit der größten Härte durch. Um die Maulwürfe zu töten, musste man zuerst Würmer töten. Die gefangenen Würmer starben, sich vor Schmerzen windend, ineinander verknäult. Wer diese doppelte Mordtat durchgeführt hat, weiß, wie das Zeit und Geist beansprucht und den Gärtner in Zweifel stürzt. Wäre man Maulwurf, würde man um keinen Preis von diesem roten und blauen Gel aus leblosen Würmern fressen. Was würde nun geschehen?

Am Ende unserer Experimente gegen Mitte des Sommers beobachteten wir eine temporäre Verringerung der Maulwurfshügel auf dem Rasen, ohne dass wir je hätten feststellen können, ob das auf unsere Bemühungen oder auf die Trockenheit zurückzuführen war. In der warmen Jahreszeit vertieft das Tier seine Gänge und entfernt sich in Richtung der Wälder und der feuchten Gründe, wo es seine Nahrung findet. Wie dem auch sei, wir unterhielten mit dem Maulwurf eine tagtägliche Beziehung, die uns eng mit ihm verband. Als wir durch einen unglücklichen Zufall dazu kamen, einen von ihnen einzufangen, waren wir bewegt, verblüfft über einen so prägnanten Sieg, und gleichzeitig bestürzt festzustellen, dass das Tier sich nicht mehr bewegte. Es bleibt in uns etwas von einer Katze, die mit der Maus spielt, solange die Maus lebt.

Es ist unmöglich, die Frage der Maulwurfsfallen auszuschöpfen, es stehen so viele Produkte und Methoden zur Verfügung. Eine letzte jedoch, um dieses Kapitel zu beenden: das Jagdgewehr. Zu vereinbarten Zeiten – morgens, mittags und abends – hält man sich bereit, in den Maulwurfshügel oder daneben zu schießen, das ist nicht so wichtig: Die Detonation führt zum Herzstillstand des Tieres. Manchmal auch des Jägers. Ich war bei diesem Spektakel dabei, als ein Soldaten-Gärtner mit der Waffe in der Hand aus dem Küchenfenster sprang. Er hatte gesehen, wie die Erde sich bewegte …

Jede als schädlich erklärte Art bringt wahre Schätze an mörderischen Erfindungen hervor. Der Gärtner, der sich seines Rechts auszurotten sicher ist, schwimmt in einer von Gifthändlern aktiv unterhaltenen Paranoia. Er macht sich abhängig von einer komplizierten, nutzlosen und schädlichen Praxis. Alles, was nicht aus seinem »Plan« hervorgeht, muss aus der Landschaft getilgt werden. Die Tiere stören.

Als ich ein Grundstück kaufen konnte, stellte sich die Frage: Ist es möglich, an diesem Ort, der verlassen genug ist, um Wasservögeln einen Lebensraum zu bieten, einen Garten mit der Natur zu verbinden? Ein Gebiet zu schaffen, das man teilt? Kämen die Tiere dort auf ihre Kosten? Würden sie meine Anwesenheit akzeptieren? Wie sollte man eine Fauna wieder zutraulich machen, die so lange verjagt war?

Um mich herum kein Beispiel, das mir hätte helfen

können. Ich musste mein eigenes Experiment machen. Ich hatte beschlossen, dass ein Teil des Gartens als Biomasse – Blätter, Früchte, Wurzelstöcke, Samenkörner usw. – den Tieren zukäme, die gewohnt waren, sich davon zu ernähren. Das lief darauf hinaus, ihnen einen Teil des Areals zu überlassen.

Ohne es eigentlich zu wollen, aber doch einem Wunsch folgend, habe ich langsam und wenig präzise einen Garten für die Tiere geschaffen.

Und auch ein Haus.

Keine schlaue Planung. Die Dinge haben sich so entwickelt. Wenn ich eine »Gartentour« wirklichkeitsnah erläutern müsste, begänne ich mit einer Beschreibung der Wohnorte: Platz gemacht für die Bewohner, die Tiere. Einige dieser Bewohner sind mir vertraut geworden. Sie tragen einen Namen, auf den sie aber nicht antworten können: einfache Markierungen in der Menge, die, wie ich weiß, unzählbar ist.

Leopold, der Unverschämteste, zeigt sich im Sommer am frühen Morgen und zwei Stunden vor Sonnenuntergang. Er ist ein erwachsener Rehbock (*Capreolus capreolus*). Er durchdringt die Böschung nach Westen, um den Riesen-Bärenklau (*Heracleum mantegazzianum*) zu erreichen. Im Schatten des Asiatischen Blüten-Hartriegels (*Cornus kousa sinensis*). Er schält den rauen Stängel der Pflanze, indem er sein Holz bis aufs Mark abreibt, genießt und weitergeht. Hier und da nimmt er einen Bissen Laub, ohne sich aufzuhalten. Madame Leopold und die vier Rehkitze, die scheuer sind, machen es ebenso. Wenn Rehe in der Größenordnung einer Familie durch einen im Wald entlegenen Garten ziehen, hinterlassen sie kaum sichtbare Spuren. Außer im Winter, wenn die Tiere das Tannin der jungen Bäume suchen und die Rinde abnagen. Das Gebiet, von dem ich ums Haus herum eine Bestandsaufnahme mache, kann vermutlich keine größere Zahl aus dieser eleganten und robusten Familie der Hirsche aufnehmen. Ohne Unterstand und Unterschlupf schlafen sie direkt auf der Erde. Ich finde Grasstreulager auf dem Feld zwischen den gepflanzten Bäumen, die diesen Platz auf seiner vierten Seite schließen. Auf den drei anderen stehen alte hohe Rainbäume. Sie verwandeln die Wiese in eine Weide, einen sicheren Ort, wohin das Wild zum Äsen kommt. Dort findet man in der Dämmerung öfter auch Leopold zwischen dem üppigen Fenchel, dessen Geschmack er schätzt. Wenn man stehen bleibt, um ihn zu beobachten, »bellt« er und springt wie die Impalas der afrikanischen Savanne. Verharrt man länger, beschreibt er einen weiten Kreis um den Beobachter und schmettert seine stoßartigen Schreie, ein Einschüchterungsmanöver ohne Auswirkungen: Er gibt zu verstehen, dass das Feld sein Reich ist.

Gaston gehört zu einer Dynastie von Nutrias (*Myocastor coypus*), die zwischen den Wurzeln einer alten, über das Ufer hängenden Eiche hausen.

Von Natur aus ruhig, durchkreuzt er gemächlich die Wasserfläche. Beim Anblick eines Spaziergängers wird er noch langsamer und wägt umsichtig seine Fluchtmöglichkeiten ab. Aber Gaston ist neugierig. Er nähert sich so weit, dass man die Barthaare zählen kann. Er schwimmt vorbei, als ob nichts sei, scheinbar gleichgültig gegenüber allem, was nicht sein gewähltes Milieu betrifft, das Wasser, in dem er sich mühelos und ohne Welle fortbewegt; kaum eine Oberflächenkräuselung, nur eine flüchtige Spur ohne Bezug zu der beeindruckenden Masse seines Körpers. In Wirklichkeit aber belauert er den Späher und ist vor ihm auf der Hut. Die Richtung, die er einschlägt, ist nur ein Trick, um den Feind über die genaue Adresse seines Baus zu täuschen. Wenn man sich mit viel Geduld still hinter den Büschen versteckt, kann man sehen, wie Gaston auf seinen Spuren zurückkommt, ans Ufer klettert, sich schüttelt und nach Hause zurückkehrt. In der Dämmerung sah ich, wie er sich für eine Pflanzengirlande über der kleinen Bucht interessierte. Die gestufte Uferböschung, die durch das regelmäßige Anschlagen der Wellen wie eine Klippe skulptiert ist, stellt ein Hindernis auf dem Weg zu den Anhöhen dar. In vielen Anläufen versuchte er, diese zu hohe Stufe zu erklimmen, aber sein schwerer Körper zog ihn nach unten. Schließlich fand er einen Durchgang zwischen Heidekraut und Wolligem Honiggras (*Holcus lanatus*) und kletterte den Hügel hinauf. Ein seltsames Ziel für ein Wassertier. Noch seltsamer: der in regelmäßigen Intervallen ausgestoßene Schrei, der den der Enten täuschend echt imitierte. Die klassische Literatur kennt kein Klagelied der Nutrias. Rief er eine Gastonine, als er klagte? Am nächsten Tag fanden wir seinen Kadaver zwei Meter von seinem Hauptbau entfernt. Gaston hatte ein Recht auf eine würdige und einfache Beerdigung im kleinen Kreis auf der schattigen Seite entlang des Baches, seinem Gebiet.

Das Leben der Nutrias ist nicht sehr lang. Auch ihre Kadaver, die von Aasfressern und anderen Totengräbern geschätzt werden, verschwinden schnell. Es kommt vor, dass man nur noch den Kopf mit den zwei großen gelben Zähnen wiederfindet, die abgenutzt und sauber geputzt sind. Einen dieser Reste entdeckte ich unter dem Dachgiebel des Hauses, wo Décibelle ihre Beute versteckt. Décibelle ist eine lärmende und übelriechende Steinmarderfrau. Sie wühlt rücksichtslos im Zwischenraum des Doppeldaches zwischen den Dachlatten und einem Bett aus Placo[3], das für ihre Rutschpartien hervorragend geeignet ist … Seit Décibelles Ankunft sind die kleinen Nagetiere verschwunden, die über unseren Köpfen trippelten. Langschwanzmäuse, Rötelmäuse, Siebenschläfer und Gartenschläfer dienen der Familie der Marder, zu denen auch der Steinmarder gehört, als Nahrung. Mit ihren nächtlichen Gewohnheiten verschwindet Décibelle nach Einbruch der Dämmerung und kehrt am Morgen gegen fünf Uhr zurück. Mehrere Male in der Nacht hört man, wie sie sich einen Weg zu irgendeinem Ende des Daches in den Galerien aus Glaswolle bahnt. Gerade nährt sie ihre Kleinen, deren Urin durch die Decke trieft. Mehrmals musste ich durchgreifen und mit dem Besenstiel unter den Wurf klopfen. Décibelle zog in Richtung Bad um, wo sie die Schläfer nicht stört.

Ihre Besuche werden seltener: Es gibt Konkurrenz.

Im Dach gebietet Edouarda.

Am 18. Mai um 23 Uhr schallen heftige Schläge im Schacht des Kaminabzugs, wie die lärmende Décibelle sie niemals ausgeteilt hätte. Der Abzug ist nicht fest mit dem Trichter des Daches verbunden, sodass es Zwischenräume gibt. Mit der Fackel in der Hand versuche ich zu sehen, welches aufgeregte Tier diese Schläge verursacht. Am größten Spalt zieht langsam eine Natter mit hellem Bauch vorbei. Der beeindruckende Durchmesser des Körpers gehört einem Tier, das fast zwei

Meter lang ist. Das ist die normale Länge eines erwachsenen Sanghyar[4], sonst Gelbgrüne Zornnatter[5] genannt.

Nach einer lokalen Legende ist der Sanghyar nicht im Limousin beheimatet. Es handele sich um eine exotische Schlange, die in den 60er-Jahren über dem ganzen Gebiet abgeworfen worden sei, um den Vipern beizukommen, die das Land unsicher gemacht hatten. Die Zeugen behaupten, sich an die Flugzeuge über den Wäldern und der Heidelandschaft zu erinnern. Was hat man in den 60er-Jahren nicht alles gemacht!

Die Gelbgrüne Zornnatter gehört zur einheimischen Fauna. Aggressiv und kämpferisch, zählt sie mit der Natter von Montpellier zu den größten Schlangen Europas. Raymond Rollinat beschreibt sie als widerspenstig gegenüber jeder Zähmung, in der Lage zu beißen, ohne loszulassen.[6] Er trug Spuren dieser ungefährlichen, aber schmerzhaften Bisse. Das gefangene Tier, das er getrennt von den anderen Reptilien hielt, die er in seiner Forschungsstätte in Argenton-sur-Creuse beobachtete, war am Ende des Aufenthaltes so wild wie am Anfang. In der Paarungszeit nimmt das Spiel der Partner Züge einer Schlägerei an. Ich war also erstaunter Zeuge einer Giebel-Kopulation. Es passiert allerlei unter dem Dach. An jenem Abend versuche ich nicht, den Partner zu entdecken. Auf dem Klavier stehend, lade ich sie durch trockene Schläge mit dem Allzweckbesen ein, in die Schrägen zurückzukehren und sich vom Loch zu entfernen. Sogleich reagiert Edouarda und zeigt ihren Kopf. Das ist doch der kühne und starke Sanghyar, dessen abgestreifte Häute hier und da im Garten und in der Umgebung des Hauses hängen, aber auch in der Kletterhortensie und in dem blaue Früchte tragenden Weinstock.

Es gab also eine Erklärung für die unendlichen Verfolgungen und Rutschpartien, die in der vorausgegangenen Nacht mit Aufprallen, Schreien und Schlägen zu hören waren, dann der Sturz eines Körpers in das kleine Becken. Er erwies sich als die vom Mondschein beleuchtete, mit nasser Haut fliehende Décibelle, die von den entflammten Schlangen verjagt wurde.

Eine Gerätschaft aus Lappen, die mit Terpentin getränkt waren, beruhigte die hochzeitliche Glut der Tiere. Am nächsten Tag begegnete ich der erzürnten Edouarda. Sie zog in die Wälder hinauf.

Das Doppeldach der Häuser dient den Nattern zeitweise als Wohnort. Die Dämmungsarbeiten verschaffen einer Menge Tiere praktische Unterkünfte, was der 1931 verstorbene Rollinat nicht mehr beschreiben konnte. Die Zamenis hält sich dort nicht lange auf, sie zieht trockene Wälder und Felsen vor, kommt aber regelmäßig dorthin zurück.

Als ich das Haus baute, habe ich mir nicht vorgestellt, in welchem Ausmaß es ein Nistplatz wäre.

Seit einem Jahrzehnt beherbergt der doppelte Sturz der Eingangstür einen Wurf Zwergfledermäuse. Im Frühling übersäen winzige schwarze Exkremente die Schwelle. Ab Juni bewegen sich die jungen Fledermäuse zwischen diesem Bereich des Gebäudes und dem Garten hin und her. Schnell, kaum sichtbar und zu zahlreich, haben sie keine Namen bekommen. Genauso wenig wie die Blaumeisen, Pieper, Baumläufer, Stieglitze und Drosseln, deren Nester die geringste Vertiefung der Hauswände besetzen. Oder auch die Smaragdeidechsen,

Eichhörnchen und wandernden Igel. Platz gibt es überall: zwischen schlecht verbundenen Steinen, entlang der Dachtraufe, dort, wo die Dachsparren die Schräge anheben, um die Regenflut bei Unwetter weiter zurückzuwerfen.

Ich nenne die Tiere, die am besten zu sehen sind. Aber es gibt eine beachtliche Welt, deren Gegenwart sich uns entzieht, die sich aus stillen, nicht wahrnehmbaren, langsamen und manchmal mimetischen Lebewesen zusammensetzt, die unseren Beuteblicken entzogen sind, sich aber untereinander kennen, sich aus dem Weg gehen oder sich verfolgen. Diese Welt ist mit uns verbunden, ohne dass wir uns dessen bewusst sind.

Insekten, die Wonne der Felder, scharf oder surrend tönender Grund, winzige, mit einer Handbewegung verjagte Staubkörner. Nervenreize. Angesteckte Perlen und Diademe.

Der Ort, an dem sich der Garten entwickelt, ist ein vor Winden geschütztes Tal, wo ich als Kind Käfer und Schmetterlinge suchte. Als er wieder auflebte, weideten im Grunde einige Kühe. Der immer kühle Boden in der Nähe des Baches ist niemals trocken. Weiter oben, auf dem Gelände, wo sich jetzt das Haus befindet, wuchs verwilderte Heide. Und schon einige Eichen. Ich erwarb diese unebene Brache, als sie bereits vierzehn Jahre lang aufgegeben war. Der in einen Eichen-Buchenwald von mittlerem Wuchs verwandelte trockene Teil beherbergt noch die Schmetterlinge und Rosenkäfer, die ich seit jeher kenne. Die auf den umliegenden Feldern ausgebrachten Pestizide sind der Diversität der Umgebung nicht beigekommen. Nicht die Ausführung des Architekten durch die Anordnung der Formen und die Ausgewogenheit von Schatten und Licht betrachte ich als geglückt – dafür habe ich kein Urteilsvermögen –, sondern allein den Befund bewahrten Lebens.

Noch besser: das Feld. Eine Neuanschaffung, erst acht Jahre vor der Zeit, da ich schreibe. Eine fast ebene Fläche von annähernd einem Hektar, die oberhalb des Tals dem vollen Licht ausgesetzt ist. An diesem Ort, der zur Weide geworden ist, wachsen mannigfache krautige Arten durcheinander. Ein Teil von ihnen stammt aus einer anfänglich vorgenommenen Aussaat. Die damals von einer einzigen Grassorte (*Dactylis glomerata*) gebildete Wiese, die als Winterfutter bestimmt war, ist ein blühendes Feld geworden, dessen Charakter je nach Jahr und Jahreszeit wechselt. Eine regelmäßige Aufstellung zeigt die Evolution auf. Diese Liste der Pflanzen[7] verdient Aufmerksamkeit, aber das Überraschendste ist die Bereicherung durch Tierarten. Auf der Buddeleja habe ich in diesem Sommer 2003 Mitte Juli vierzehn verschiedene Schmetterlingsarten gezählt, darunter der Segelfalter, ein souveränes Segelflugzeug, der kleine Eisvogel, der Distelfalter, der samtige große Kaisermantel, ein schneller Gelbling, ein schwankender Schwalbenschwanz, dessen Larven beim reich wachsenden Fenchel Nahrung finden, eine Flut von Samtfaltern und zwei tagaktive Schwärmer: das Taubenschwänzchen und der elegante Skabiosenschwärmer.[8]

Zurück zur Gartentour – wenn ich sie nach meiner Rangordnung machen sollte: zuerst die Tiere –, mit dem Feld würde ich enden und erläutern, warum es von allen besuchten Plätzen der Wichtigste ist.

Doch was sieht man da, als eine in ihrer Eigendynamik gebremste Brache, die jedes Jahr im Herbst durch eine Mahd recycelt wird? Gärtnerische Basisarbeit, spätes Drama: Vor der zweiten Septemberwoche wird nichts geschnitten.[9] Die in unserem Klima[10] wesentlich krautige Diversität der Flora verlangt, dass das Licht den Boden erreicht. Dort wechseln die Pflanzen und ihre unaufdringlichen Gäste einander ab: Grillen, Kurz- und Langfühlerschrecken – natürliche Basis eines permanenten Zirpens –, perlfarbige Zweiflügler, Zwergzikaden und gallische Feldwespen, imposante Bockkäfer und Blattkäfer ... Zwischen den Königskerzen, Malven und Nachtkerzen, die von den großen, in der Dämmerung fliegenden Schwärmern (*Sphinx ligustri, Herse convolvuli*) besucht werden, entsteht ein Fadennetz, in dem ihre Wächter, die Wespenspinne und andere Webspinnen (*Argiope bruennichi*), prangen. Nahrung ist reichlich vorhanden. Die Spur der Waldmäuse glitzert unter den Pflanzen. Aus der Höhe spähen die Milane und der Bussard, nachts lauert der Waldkauz. Und Leopold, der eigentliche Herr, macht springend seine Runde.

Blicken Sie in diesen unbestimmten Nebel, der ohne Weg zu sein scheint, alle Wege sind erlaubt. Alles in allem ist es nur ein Feld.

2
LEHRMEISTER UND FÄHRLEUTE

Meine Lehrmeister sind keine ehrenwerten Gelehrten oder einfachen Menschen. Ich kenne nicht genug Unschuldige, um Vertrauen zu fassen. Außer wenn ich schräg schaue, außerhalb der geglätteten Bahnen der guten Gesellschaft. Dort, ja dort kreuze ich autistische Blicke, dort versuche ich, der ich selbst schwach bin, eine Verbindung herzustellen zwischen meinem eigenen Stammeln und dem schüchterner Kinder, ihrem Mut überlassene Engel, die in ihrem Schweigen gefangen sind, eigensinnige Träumer und Bären.

Sie gehören keiner Nation an. Sie scheinen keine Herkunft zu haben, sie durchreisen die Zeit, die sie auf unmittelbare Weise befragen, sie haben nur ihr Bild, um zu kommunizieren, als seien sie auf ewig der Sprache beraubt.

Es drängt sie, sich zu bewegen. Die Natur ähnelt ihnen.

Überheblichkeit? Anmaßung? Ein Auszug aus den »schlummernden Heften« – eine Reihe von Betrachtungen, die ich im Laufe der Zeit aufgeschrieben und in großen und verschiedenfarbigen Heften gesammelt habe und die, seit sie einmal abgeschlossen sind, schlafen – diesen Text könnte ich erneut schreiben, wenn ich einige Begriffe darin änderte. Wie kann ich ihn verändern, die Menschenfeindlichkeit seiner ursprünglichen Version abschwächen, diese Haltung, die von »Weisheit« weit entfernt ist und die lange Zeit die meine war? Ich kann nicht sagen, dass mit der Zeit die Weisheit so bei mir eingezogen wäre, dass sie mich durchdrungen hätte. Ich sehe den Weisen – wie den Künstler oder den Narren in ihren unerreichbaren Haltungen – sich über die Belanglosigkeiten erheben. Ich aber teile im Augenblick die harte Unterwerfung unter die Gesetze der Schwerkraft mit der Mehrheit meiner Mitbürger.

Ja, ich halte mich daran, die Pflanzen und Tiere zu hören. Soweit ich das kann. Es erschiene mir jedoch unmöglich, sie zu erreichen, ohne mich ihnen durch ihre Namen zu nähern. Daher verdanke ich jenseits dieser schweigsamen Lehrmeister alles den Fährleuten: Lehrern, Wissenschaftlern und Philosophen, deren Rolle darin besteht, unserem Erstaunen eine fragile Diversität vorzulegen, die der Garten[11] versammelt.

Es gibt viele Fährleute, manche unauffällig, manche berühmt, und immer am Verschwinden. Dieser verlorene Blick und diese Abwesenheit von sich selbst erlauben es ihnen, ein Wissen zu vermitteln – wissen sie es auf Anhieb? –, das ihnen nicht gehört.

Alle, die mit mir in den 60er- und 70er-Jahren an den Kursen zur Pflanzenökologie an der École de Versailles[12] teilgenommen haben, werden sich an Jacques Montaigut erinnern. Von hoher Gestalt und unermüdlich, gelang es ihm, die systematische Erforschung der

Pflanzen, die bekanntlich strengste Disziplin, als Märchen- und Legendenbuch zu präsentieren.

Die Welt begnügte sich nicht damit, mythenhaft zu sein: Sie ordnete sich. Es ist schwer, den Plan einer solchen Ordnung zu erkennen. Inwiefern ist die Abstammungsgemeinschaft der Pflanzen mit verwachsener Blütenhülle mit ihren überwiegend krautigen und beweglichen Vertretern leistungsfähiger und auf dem Planeten verbreiteter als die Großgruppe der robusten, aber verhängnisvollerweise häufig baumartigen und fester im Boden verwurzelten Pflanzen mit freien Blütenblättern? Jede Art eröffnete auf ingeniöse und einzigartige Weise einen Weg, wobei es ihr manchmal erschwert wurde, sich in Raum und Zeit zu entfalten, ihren Fortbestand zu sichern und Schlechtwetter, Katastrophen und Räuberei, Krankheiten oder Parasiten standzuhalten. Jede hat ihr Leben erfunden und muss sich den sich ändernden Bedingungen der Umwelt anpassen: viele nützliche und lächerliche, lebenswichtige und temporäre Entdeckungen. Alles war dringend, aber alles änderte sich. Wie viel Energie war bei jeder Veränderung der Umwelt nötig, um eine neue Lösung zu finden und die Zukunft zu bereiten?

In der Natur muss alles im Licht der Evolution betrachtet werden.

Jacques Montaigut verschwendete sein Wissen mit Begeisterung. Seine ansteckende Freude packte uns mit Macht. Mit ihm nahmen die botanischen Exkursionen im Curriculum des Ingenieurstudiums den Charakter von Ferien an: Abenteuer entlang des Steilhangs der Pultscholle in der Île-de-France, wo die winzige *Draba verna*[13], die man niedertritt, wenn man nicht aufpasst, gerade im Begriff war, Geheimnisse zu offenbaren. Auf einem markanten Vorsprung gegenüber dem trockenen Abhang, auf dem wir uns befanden, weideten Schafe im Schutz einer Schlehenhecke über einem gewöhnlichen grünen Allmende-Tal. Kriechende Hauhechel (*Ononis repens*), Helm-Knabenkraut (*Orchis militaris*), Acker-Witwenblume (*Knautia arvensis*), Gemeiner Goldregen (*Cytisus laburnum*) und Tragant aus Montpellier (*Astragalus monspessulanus*) standen dicht beieinander: Ausreißer einer Mittelmeerflora, Richtung Norden. Ja, auf den südlichen Hängen dieser Reliefs gibt es thermophile Arten. Man findet sie auch noch nördlicher wieder, auf den Halden von Valenciennes, wo der warme Boden ein milderes Mikroklima erzeugt. Die Überträger dieses Durchmischens sind der Wind, die Vögel und die Schafe, deren Wolle ganze Landschaften enthält, da sich dort alle Samen sammeln. In wenigen Minuten wurden wir zu den Antipoden nach Neuseeland geworfen, wo die importierten Schafe, wie man dort sagt, eine europäische Flora eingeführt hätten, auch den schrecklichen, für Umzäunungen benutzten »gorse« (Stechginster: *Ulex europaeus*), der invasiv geworden ist. Der Abend überraschte uns, ohne dass wir den Quadratmeter Kalkwiese mit Kleinem Wiesenkopf und Gänsefingerkraut (*Poterium sanguisorba*, *Potentilla anserina*) ausgeschöpft hätten, dessen Universum wir eigentlich darlegen wollten.

Popularisieren heißt nicht, das Wissen zu verfälschen, um es zugänglich wiederzugeben, sondern das komplizierte Abenteuer unseres Planeten und seiner Bewohner in einfachen Begriffen zu formulieren. Einige besitzen dieses Talent. Erhellend geschriebene Worte und für den intelligenten Leser geeignete Texte gelangen allerdings nur tröpfchenweise auf den Markt.

Meiner Meinung nach ist es gefährlicher, die Bürger von den Wahrheiten fernzuhalten, als sie mit ihnen bekannt zu machen. Als ich zu einem Essen eingeladen war, saß ich neben einer eleganten und resoluten Dame. Wir sprachen vom Reisen – eine Weise, das bedrückende Defizit solcher Veranstaltungen auszugleichen. Die Schmetterlinge in Kenia erregten ihre Bewunderung. Ihr fehlten die Worte, die Verzückung angesichts eines solchen Schauspiels auszudrücken. Vor Glück fast zerspringend, drehte sie die Augen in alle ihrer Erinnerung möglichen Richtungen. Beim Käse rollte die Konversation in leichter Geschwindigkeit ihrem unerschöpflichen Garten entgegen. Sie hatte einen Abscheu vor Raupen. Ich wagte einzuwenden, dass aus diesen Raupen doch die hübschen Schmetterlinge würden.

Schweigen. Maske. Themenwechsel. Ich war verlegen. Sie wusste es nicht. Wir hätten lachen können, aber nein, es kommt ein Moment, in dem harmloses Reden zur Plumpheit wird. Diese Grenze hatte ich überschritten. Über welches lockere Thema könnten wir jetzt reden? Wissen verursacht eine Tiefe, welche die Oberfläche der Dinge verblassen lässt. Man sieht die Welt gern glänzen und freut sich darüber, ohne zu versuchen, den Ursprung dieser Bezauberung aufzudecken. Eine Haltung, die von einer Cocktailtechnik begleitet wird: Ein ernsthaft erscheinendes Argument stört sofort.

Trotz allem halten die Fährleute stand. Niemals erheben sie ihre Stimme so laut, dass sie das Massenpublikum versammeln, aber ab und zu tauchen sie auf und markieren in kleinen Schritten die Evolution des menschlichen Denkens. Einige hinterlassen ihre Namen in Lexika, andere sind vergessen. Alle haben die schwierige Aufgabe unternommen, besser hinzuschauen, um zu verstehen.

Bei meiner Arbeit als Gärtner erhalte ich für mein Tun Aufklärung von einigen bekannten Geistern: Tournefort, Linné, Laborit, Lamarck und andere, vielleicht eher mir Vertraute. Auf sie beziehe ich mich jedes Mal, wenn es nötig ist, auch wenn ich in diesem Augenblick nicht weiß, ob ich ihnen etwas schulde oder zurückgebe.

Als ich wiederholt die Brände der Kap-Region beobachtete, eignete ich mir durch die Pyrophyten eine ›lamarckistische‹ Sichtweise an. Die Fokussierung auf bestimmte feuerresistente Gebilde: die Früchte der Hakea-Arten, der Eukalypten und Proteen[14] sowie zahlreiche Samen, die thermische Schocks brauchen, um zu keimen[15], verweisen auf eine adaptive Evolution bei Bränden, ein langsamer Prozess, der dem vergleichbar ist, was Lamarck Transformation nennt. Eine von der Mehrzahl der Wissenschaftler angefochtene Theorie, deren massiv durch die angelsächsischen Medien verbreitete Forschungen sich ausschließlich auf Darwin beziehen. Die neuen schwedischen Arbeiten über die Transmission erworbener Eigenschaften durch Fettleibigkeit beim Menschen rehabilitieren plötzlich die ›lamarckistische‹ Position, zumindest lassen sie diese als einen möglichen Mechanismus der Evolution des Lebendigen gelten.[16]

Der kleine »Jardin Lamarck« in Valloires[17] – eine Erweiterung der 1986 geschaffenen Gärten – nach einer

Zeichnung von Miguel Georgieff, mit dem ich zusammenarbeite[18], erblickte im Oktober 2003 das Licht der Welt.

Der Mann, der die Bedeutung der Wolken so genau erkannte, dass er eine Klassifizierung aufstellte, erfand für die Erforschung des Lebendigen den Begriff »Biologie« und nahm darin das ökologische Denken vorweg. Wer fünfzig Jahre vor der *Entstehung der Arten*[19] eine Evolutionstheorie vorlegte, verdient einen viel größeren Garten. Einen Park, ein Denkmal. Besser noch: ein Stück Natur. Im Augenblick muss der Chevalier aus Bazentin an der Somme sich mit einer Metrostation in Paris, einem Gymnasium in Albert und dem Garten in Valloires begnügen – Letzterer eine Initiative seines Direktors Vincent Delaître. Das Denken eines humanistischen Gelehrten, das uns durch seine besten Biografen bekannt ist,[20] hat als Garten Gestalt angenommen. Man könnte seiner Arbeit den ganzen Jardin des Plantes widmen. Aber das reicht nicht. Vielmehr sollte man zum Wohl der Öffentlichkeit den Großen dieser Welt einige Schriften von Lamarck zugänglich machen, eines Fährmanns, der Lehrmeister geworden ist. Dort fänden sie eine Alternative zu den immer wieder in Angriff genommenen Plänen, die Quellen auszuschöpfen. Die Zeitschrift *Hommes et plantes*[21] platziert als Motto auf jeder ersten Seite ein Zitat des großen Naturforschers, einen Auszug wie diesen aus dem *Système analytique des connaissances positives de l'homme*, das 1820 publiziert wurde:

Der Mensch, der durch seinen Egoismus nicht hellsichtig genug für seine eigenen Interessen ist und der durch seinen Hang, alles ihm zur Verfügung Stehende auszukosten – mit einem Wort durch seine Sorglosigkeit gegenüber der Zukunft und seinen Mitmenschen –, scheint an der Vernichtung der Mittel seiner Erhaltung und sogar an der Zerstörung der eigenen Art zu arbeiten.

Überall hat er für Gegenstände, die seine augenblickliche Begierde befriedigen, die großen Pflanzen zerstört, die den Boden schützten, was in kurzer Zeit zur Unfruchtbarkeit dieses von ihm bewohnten Bodens führt, ein Versiegen der Quellen verursacht, das die Tiere verdrängt, die dort ihre Nahrung fanden, und bewirkt, dass große, einst sehr fruchtbare und in jeder Hinsicht sehr bevölkerte Teile der Erde jetzt nackt, unfruchtbar, unbewohnbar und menschenleer sind […]. Es scheint, als sei der Mensch dazu bestimmt, sich selbst auszurotten, nachdem er die Erde unbewohnbar gemacht hat.

Das ist keine Warnung. Das ist eine Feststellung. Man muss kein Komma daran ändern, allenfalls dieses leichte Schwanken, das die Ungewissheit hervorbringt. Ja, der Mensch arbeitet an seiner Zerstörung, daran gibt es keinen Zweifel. Alle Instanzen, alle Führungskräfte und heute auch alle Bürger sind über die Absurdität der Lebensweise informiert, die von der Ökonomie des Marktes angetrieben wird. In keinem Augenblick geht es darum, diese zu ändern. Die Macht liegt nicht in den Händen derer, die versuchen, dem System eine andere Richtung zu geben, um den Zusammenbruch hinauszuzögern.

Der menschliche Plan, ob bewusst oder unbewusst, lässt sich in wenigen Worten beschreiben: in Reichtum sterben.

Die fatalistischen Ansichten geben ganz im Sinne der darwinistischen Position zu verstehen – Evolution durch selektiven Druck: die Natur erfindet, das Milieu sanktioniert –, dass alles bereits im Voraus ausgespielt ist. Die Stärksten gewinnen, die anderen sterben. Die am besten für die Dauer Eingerichteten bestehen fort, die Schwächsten fristen ein kurzes Leben. Nichts kann dem herrschenden Liberalismus besser Genüge tun: Man belastet sich nicht mit Handicaps, mit Langsamkeit und Verzögerungen. Man muss sich beeilen, erfolgreich sein.

Erfolgreich worin?

Im Gegensatz dazu hält die transformistische Position das Feld des Möglichen offen. Im Laufe seines Lebens findet das Lebewesen, gleichgültig ob Pflanze, Tier oder Mensch, eine Chance, sich zu ändern (auf eigenen Wunsch oder durch äußeren Druck): Es verwandelt sich. Diese eingeschriebene Möglichkeit zur Transformation vererbt sich an die folgenden Generationen. Für den Menschen, das »bewusste Tier«, ergibt sich aus dieser Möglichkeit ein Vorhaben, ein geistiges Gebiet der Hoffnung.

Ein Garten.

Wenn Henri Laborit das Prinzip der biologischen Information beschreibt – das Lebendige empfängt eine Botschaft, interpretiert sie und verwandelt sie, indem es sie komplexer macht –,[22] gibt er dem Vorhaben schwindelerregende Dimensionen des Unbekannten. Die leistungsfähigsten Informatikmodelle sind außerstande, die Antwort des Milieus vorauszusehen, welcher Art die Natur der Einwirkung auch sei. Das ist das erfinderische Vermögen der Natur.

Wenn Francis Hallé den heiklen Vergleich zwischen der Tier- und der Pflanzenwelt zieht,[23] bringt er die nicht erwartete Anpassungsfähigkeit dauerhaft verankerter Lebewesen zum Vorschein. Die a priori verletzbaren Bäume etwa können zwar nicht fliehen. Ein Stress, der durch eine beträchtliche Veränderung des Milieus entsteht (Trockenheit, Räuberei, Schmarotzertum etc.), kann jedoch eine Veränderung der genetischen Schrift der benachrichtigten Pflanzenteile auslösen: Die neuen Triebe tragen diese Information und geben sie an die Samen, die künftigen Generationen, weiter. (Lamarckismus, obwohl der Begriff niemals genannt wird). Die Pflanzen, hauptsächlich die Bäume, haben die Fähigkeit, ihr Genom im Laufe des Lebens zu verändern. Die Tiere behalten es ihr ganzes Leben lang. Die Menschen auch. Zumindest glaubt man das. Der aktuelle Stand der Forschung bietet keine anderen Schlussfolgerungen an. Die Pflanzenwelt vollführt seit Anbeginn der Zeit Genmanipulationen. Man versteht nicht recht, warum die übrigen Lebendigen es nicht genauso machen sollten. Der genetisch veränderte Organismus (GVO) und seine Mechanik beteiligen sich per se an der Evolution. Unsere heutige Landschaft ist nur noch ein Flechtwerk von GVOs, die mehr oder weniger gut durch den Zufall kombiniert sind. Wenn man ernsthaft über sie diskutieren will, müsste man die Natur als Ganzes betrachten. Das Problem ist nicht die Veränderung, sondern die anthropozentrische Ausrichtung bei der genetischen Veränderung und der Gebrauch, den man davon macht.

Francis Hallé nimmt sich Zeit, das zu erklären. Die Haltung eines Lehrers.

Wie kann das schwierige Thema »Der Einfluss der Tageslänge auf das Verhalten der Lebewesen in den Tropen«, das Spezialisten vorbehalten zu sein scheint, sich in ein verständliches Werk verwandeln? Denn das ist es. Der Titel ist verlockend, *Un pays sans hiver* (*Ein Land ohne Winter*), der Text in klarem Stil geschrieben und ausreichend bebildert.[24] Der Autor erläutert seine Worte mit Referenzen, die er aus verschiedenen Bereichen schöpft: Literatur, Kunst und Poesie.[25] Das Wissen beherrscht diese Interferenzen nicht, sondern scheint aus ihnen hervorgegangen zu sein. Es erscheint eingefügt in eine dichte Einheit, die man jedes Mal auf eine andere Weise lesen kann. Bald auf die eine Art, bald auf eine andere, dem zu beschreibenden Aspekt jeweils folgend. Manchmal passen die wohl erwogenen Begriffe der Philosophie zur Beschreibung, manchmal eignen sich die Metaphern der Poesie besser und manchmal die Termini der Wissenschaft. Manchmal passen Wörter auch nicht, Zeichnungen genügen.

Nach acht Jahren sporadischer Korrespondenz, undurchführbaren Treffen und unterbrochenen Gesprächen haben wir uns schließlich im Herzen eines afrikanischen Waldes, oben auf den Bäumen, getroffen. Ein gelungener Ort für die Begegnung: ein abgelegenes Lager in der Schleife des Makandé im Herzen Gabuns, Mission »Radeau des Cimes«[26].

3
PLANETARISCHES GÄRTNERN

Ersehnter Augenblick. Gorilladschungel. Weite Lichtung. An jenem Tag führt das Lager am Makandé eine neue Art Menschen zusammen. Wenig an den Umgang mit Forschern gewöhnt, lerne ich Menschen kennen, die einzig die Notwendigkeit beschäftigte, die Welt und ihr Funktionieren zu erkennen.[27]

Dort begegnete ich Menschen, die – im Traum versunken und gewohnt, aus dem Unsichtbaren zu schöpfen – Hypothesen hervorbrachten, zur Befestigung eines zerbrechlichen Gebäudes, einer Theorie. An jenem Abend hielt der Amerikaner Peter einen Vortrag für 15 andere Wissenschaftler und eine Versammlung von Tieren, die durch die Lichter angezogen wurden: überall verstreut Insekten, Fledermäuse und Nachtvögel und in Richtung der Ufer des Makandé, an das Camp angrenzend, mehr im Hintergrund und vorsichtig, Krokodile, Schlangen, Antilopen, Waldelefanten und Affen in den Bäumen ... Über die Behelfsleinwand, an die sich Wolken von Eulenfaltern, Schwärmern und Fliegen klebten, zogen die Dias. Peters Untersuchungen zeigten die Auswirkung des Tageslichts auf die Pflanzenorganismen zwischen der hohen und der niedrigen

Region des Kronendachs, dem Laub der großen Bäume der tropischen Wälder. Er beendete seine Darstellung mit dem Hinweis, dass diese über viele Jahre durchgeführten Versuche keine Schlussfolgerung erlaubten. Alle schienen begeistert zu sein.

Stolpern, ohne die Erde zu verletzen, seine Ungewissheit einer grundsätzlichen Reflexion unterwerfen, die Hypothesen umwälzen, indem man sie im wohlwollenden Getriebe des Waldes knirschen lässt. Alles konnte gesagt und widerlegt werden. Nichts war schlechter als anderes, weil nichts besser war. Ich konnte nur an die Schönheiten des Geländes denken. Schwindelerregendes Glück, gemeinsam damit beschäftigt zu sein, das Universum zu enthüllen. Verbirgt es ein Monster? Und wie hieße es?

Jedes Mal ein anderer Vortrag. Ein so großes Wissen über einen so kleinen Ort in so kurzer Zeit.

In ihrer Kirche arbeitet die wissenschaftliche Gemeinde nach einem Modell, das von profanen Gepflogenheiten weit entfernt ist. Der Ablauf des Treffens, seine Architektur und seine Zwecke scheinen Ausdruck dessen zu sein, was dem Menschen eine immaterielle Exklusivität gibt: der Geist. Das großartige Projekt einer solchen Versammlung – unergründlich wie das jeder ihren Träumen hingegebenen Gesellschaft – braucht nicht formuliert zu werden, um annehmbar zu sein. Nicht einmal um die an einem weit von jeder Zivilisation entfernten Ort wie dem Makandé aufgewendete, unvorstellbare Energie zu rechtfertigen. Keinerlei Komfort. Weit besser als das: Hängematten, Tragbahren und Tragsessel hoch oben als Kronendachdivane, und um den Geist anzuregen: Lebensmittelbehälter, eine erfinderische Reiseküche. Außerhalb des Umkreises der Leitung, obwohl immer dabei, eine Partie Flaschen sehr alten Whiskys. So viele graue Zellen. So viel Materie. So viel Rausch. Ich habe den Eindruck, privilegiert im Limbus der Wissenschaften teilgenommen zu haben: Ich glaubte, in einem Land abseits der gewöhnlichen Geschäfte zu leben.

Die Forscher besetzten das Gelände. Mit ihnen konnte man sich in die Bäume begeben, Pfade bahnen und die untere und obere Region des Laubwerks erreichen. In allen denkbaren Höhen an Seilen hängend, von Blasen[28] getragen, auf einem Wipfelfloß[29] sitzend, gelehnt gegen ein »Ikos«[30] oder noch auf dem Boden in einem Labor, überall forschten sie. Früh am Morgen zwischen sechs und acht – Stunden, in denen das Luftschiff mit Heißluft ohne Risiko fährt – konnte man beim Flug über den Wald zwei oder drei Menschen erkennen, die auf einem Pontondreieck saßen: dem »Schlitten« der Wipfel.

Von der ersten Nacht, die ich auf dem Wipfelfloß verbrachte, bewahre ich eine umhüllte Erinnerung. Unbegriffen.

Sich auf der Spitze eines Baumes auszusetzen und, so weit das Auge reicht, als Horizont nur ein Meer von Wipfeln zu haben, entspricht keiner menschlichen Gepflogenheit. Oder wenn, ist das sehr lange her. Erinnerung vom Grunde der Zeiten? Kindertraum?

Beseelte Stille, Geräusche der Tiere. Die Töne kommen aus allen Richtungen. Auch von unten.

Wolken. Gewitter. So nah an den Blitzen zu sein. Der Regen fällt locker und ergiebig. Er entledigt sich seines ganzen Gewichts und klebt den trügerischen Schutz des durchweichten K-way an unsere Körper.

Die Nacht vergeht beim Trocknen im Mondlicht. Das Laub glänzt. Das »Floßbettchen«, ein Behelfsbett, eine Art Deichsel, auf einem der soliden Pontons ist zum Schwimmbecken geworden und taugt zu nichts mehr. Rittlings hält man sich über der Struktur, die Füße über dem Netz und oberhalb der Leere.

Allein zurückgeblieben, erwarte ich am Morgen die Sonne und die Tiere, die mit ihr kommen. Stattdessen kündigt sich ein zunächst weit entferntes Schnarchen an, wie der abgehackte Atem eines himmlischen Ungeheuers. Es nähert sich unsichtbar. Plötzlich öffnet sich der Himmel: über mir der Ballon. Am Schlitten eingehakt, drei vergnügte Gesellen. Ein Seil fällt herab, am Ende die Thermoskaffeekanne. Um das Fest abzuschließen werden zwei Croissants abgeworfen.

Feucht und fröhlich sagte ich mir, selbst der wohlhabendste Maharadscha hat das nicht erlebt: ein Frühstück mit warmem Kaffee, gebracht von einem Drachen in vielfarbiger Livree auf dem Wipfel eines im Wald verlorenen Giganten.

Bereits in der ersten Stunde unserer Begegnung am Makandé – es war Nacht – hatte Francis gesagt: Wir müssen morgen meinen Garten anschauen.

Ein unebenes Geländestück im Schatten kleiner Bäume, nicht weit vom Fluss. Im Durcheinander eine Reihe Plastikbehälter. Dort zieht er junge Pflanzen: Samen und Stecklinge aus dem nahen Wald. Der Amateur hätte dort den Abfall einer Baumschule gesehen oder allenfalls eine Krankenstation. Ich sehe dort einen Ansatz, die Diversität zu erforschen, einen Versuch, einige ihrer Repräsentanten zu verstehen. Dieses von allen Konzessionen an die Regeln der Gartenkunst befreite

Werk enthält, verdichtet und ernsthaft und bis zur Narrheit weise, die Sammlung eines planetarischen Gärtners, eines gewöhnlichen Mannes.

Was ich noch nicht gesagt habe: Als Francis seine Pflanzen in feinsinnigen Litaneien beschrieb, glänzten seine Augen, sein Gesicht war von innerem Glück entrückt und alles fand sich in dieser Atmosphäre betraut mit einer zwingenden Mission: anzuschauen.

Auf den ersten Blick haben wissenschaftliche Forschungen nur einen entfernten Bezug zum Garten oder zum Gärtner, dem Gegenstand dieses Buchs. Im erweiterten Kontext des Planetarischen Gartens hat die Arbeit des »Radeau des Cimes« dort ihren Platz: Sie wirkt mit an der Nutzung der Diversität, ohne sie zu zerstören. Man könnte den ursprünglichen Garten nicht besser definieren als einen umfriedeten Raum, der das Beste schützt. Das beste Obst und Gemüse – nahrhafte Pflanzen, genutzte Diversität –, die besten Bäume und Blumen und die Kunst, sie zu arrangieren. Genauer gesagt hat die »Anordnung« im Laufe der Zeit eine solche Bedeutung angenommen, dass sie eine »Kunst« geworden ist. Die Gartenkunst drückte ihre Vortrefflichkeit durch Architektur und Ornament aus. Diese Kriterien genügen nicht mehr. Das sich dort entwickelnde Leben wird zum Hauptargument der Anlagen, weil es bedroht ist. Die Belastung des Lebens tilgt den früheren Vorrang der Gartenkunst, ohne ihre Elemente zu verbieten: die Perspektive einsetzen, Landschaften als Bilder arrangieren, Beete komponieren, Feste und Zerstreuungen organisieren etc. Von nun an geht es darum, sich mit dem Lebendigen zu befassen. Es eingehend anzuschauen und kennenzulernen. Sich in Freundschaft mit ihm zu verbinden.

Anschauen könnte durchaus die richtigste Art sein, künftig zu gärtnern.

Entdeckungen sind selten. Aber das, was von der durch die kalte Erkenntnis zerstückelten Welt zu verstehen übrig bleibt, ist unermesslich. Es ist einfacher, die Diversität zu beschreiben und aufzuzählen, als ihre Mechanismen zu begreifen. Dazu muss man beobachten. Die Verhaltensforscher – mit dem Verhalten der Tiere befasste Wissenschaftler – und jene auf das Verhalten der Pflanzen konzentrierte Botaniker (diese haben keinen eigenen Namen) sowie die Ethnologen und selbst die Soziologen haben gemeinsam, dass sie mit den wechselnden Tatsachen des Lebendigen arbeiten. In keinem Augenblick ist es ihnen möglich, eine Situation als stabil oder endgültig zu beschreiben. Sie müssen sich an den temporären Zustand halten: an die in diesem Augenblick gültige Ansicht des Lebens. Nur in diesem Augenblick. Sie können uns alles geben. Ihr Unterricht löscht die Sicherheiten aus.

Wenn man nicht das Ergebnis dieser Beobachtungen, sondern die Philosophie berücksichtigte, die daraus ans Licht tritt, fasste man die Raumgestaltung ganz anders ins Auge.

Anstatt die Einfassung des Gartens oder des öffentlichen Platzes hart zu gestalten, stellte man sie sich weich und tief vor, geeignet, die Verwandlungen des Lebendigen aufzunehmen. Der Verlauf der Alleen und die Linie der Treppen und Wasserbecken erschienen leicht dank verwandelbarer Materialien – die Erde ist eines von ihnen –, und passten sich sofort den sich verändernden Bedingungen der Umwelt an. Die Einrichtungen zur Unterhaltung, das Mobiliar, könnte unauffällig und zusammenklappbar sein oder ganz weggelassen werden, anstatt mit dem Risiko, schnell unmodern, obsolet oder einfach unpassend zu erscheinen, für »ewig« aufgestellt zu werden. Arten zu wählen, die an das Milieu angepasst sind, ist die eigentliche Arbeit des Gärtners. Eine Technologie zu wählen, die fähig ist, jede beliebige Art kommen zu lassen, entspricht dem Reflex des sich unter der Last der Werbung beugenden Konsumenten. Der normale Amateur, der in die Finsternis der Kataloge versunken ist, weiß nicht, dass es im Garten viel zu gewinnen gibt, wenn man »mitmacht«, und viel zu verlieren, wenn man »gegenmacht«.

Zu diesem Ergebnis zu gelangen ist nicht einfach. Man müsste gleichzeitig die Vorschriften lockern, manchmal abschaffen, und den Versicherern und Prozesssüchtigen den Zugang zum öffentlichen Raum verbieten, den sie endgültig in Geiselhaft genommen haben. Die harten Linien im Garten, ihre unveränderliche Erscheinung aus sauberem morbiden Beton, entstammen nicht nur dem vergeblichen Wunsch der Planer, den Platz zu »markieren« (ihre Signatur allen Benutzern aufzudrücken). Sie resultieren auch aus einem Stapel von Sicherheitsregeln, die dem verblüfften Planer, dem nichts bleibt, als sie auszuführen, auf dem Tablett serviert werden: Geländer, Randbefestigung, Höhe der Stufe, Breite für ein Fahrzeug, Wendekreis, alles ist genormt, verbindlich, kalibriert, erfasst und kodifiziert.

Wer hätte vorhersehen können, dass jetzt, wo Verkehrsstaus und Umweltverschmutzung die Städte lähmen, die »Benutzer« sich entschieden haben, in dicken und kostspieligen Allradgeländewagen zu fahren, anstatt sich auf die sparsamen und kleinen Fahrzeuge zu stürzen, die der Markt anbietet?

Der Benutzer, das schwankende Lebewesen, reagiert nicht auf die linearen Logiken des Verstandes. Er ist das Echo seiner Wünsche oder dessen, was er dafür hält. Man hat ihm gesagt, er solle ein glänzendes Auto kaufen, das die Wüsten mit der ganzen Familie durchquert, ohne einer Fliege etwas zuleide zu tun. Also kauft er. Gesättigte Gesellschaft, reiches Frankreich, man muss deine Kantsteine kaputtmachen und alles neu beginnen, die Wendekreise neu berechnen, damit deine Ranger, halb Basketbälle, halb Kaulquappen, auf Traktorenreifen gebockt, sich neben der zu klein gewordenen Garage aufstellen, nachdem sie lange das Rollfeld Rue de Rivoli, die Avenue des Champs-Élysées und andere Plätze besetzt haben, auf denen der starre Frontschutzbügel selbstverständlich unentbehrlich ist.

Wenn ein Gegenstand kompliziert ist, repariert man ihn nicht. Man macht ihn kaputt. Und stellt einen neuen her.

Der kaputte Gegenstand wandert auf den Schrottplatz. Er ist Abfall, der den unermesslichen Berg vergrößert, unter dem die Menschheit im Begriff ist begraben zu werden.

Wenn die Kunst in ihrer kreativen Besessenheit anfängt, den Abfall zu nutzen, dann nicht nur, weil sie versucht, die Gesellschaft zu ihren Inkonsequenzen zu befragen, sondern auch, weil sie das Material nutzt. Weil das Material nun einmal da ist. Das ist nicht mehr als eine in der Landschaft angehäufte Produktmenge, deren zu Abfall gewordene Komponenten sich um die

Wette zerlegen oder neu zusammensetzen. Die ursprüngliche Landschaft ist vom zivilisierten Planeten verschwunden. Was wir vor Augen haben, ist in allen Punkten das Ergebnis der »Sekundarisierung« des natürlichen Raumes. Dieser Begriff, der verwendet wird, um die nichtursprünglichen Wälder zu qualifizieren, die aus der menschlichen Nutzung hervorgegangen sind, kann für das anthropogene Territorium in seiner Gesamtheit angewendet werden. Als zivilisierter Kontinent stellt Europa den sekundären Zustand einer Landschaft dar, von der wir keine Vorstellung haben. Man kann sich lediglich eine Landschaft vorstellen, in der das Lebendige herrscht und die menschliche Industrie keine Spur hinterlassen hat. Wir sind heute in einer fortschreitenden Phase, in der die aus der Industrie als leblose Materie hervorgegangene Produktion die lebendige Masse (Biomasse) übersteigt. Organische Materie recycelt sich automatisch. Leblose Materie produziert Abfall. Europa kann vielleicht als Einheit potenzieller oder realer Abfälle betrachtet werden: Architektur, Wegenetze, unter- und oberirdische Versorgungsleitungen, Konsumgüter etc., die als Haufen (Städte, Dörfer) angeordnet, in Netzen organisiert (Straßen, Wege, mannigfaltige Verkehrswege) oder in die sekundäre Natur (Kultur, Züchtung, Wälder) eingefügt sind.

Andere Kontinente, Afrika oder Australien, beschriebe man ebenso, wobei man ein Kriterium hinzufügte, das heute in Europa – außer in geringen Resten[31] – unmöglich zu finden ist: primäre Räume, von alters her ungenutzte Gebiete.

So nimmt der Garten mit mehr oder weniger »Sperrgut« Gestalt an, mit Gegenständen, die dem natürlichen Verfall entzogen sind und damit den Raum dauerhaft besetzen.

Wenn die Architektur sich physisch ausdrückt, überfrachtet sie den Garten.

Wenn die Architektur eine Idee verkörpert, erhebt sie den Garten.

Das Talent des Künstlers erweist sich am feinen Gleichgewicht dieser Balance: Überfrachtung–Erhebung. Die Mission »Radeau des Cimes« stellt ein Minimum an Überfrachtung bei einem Maximum an Ideen dar. Mobile und leichte Architekturen der Forschung und Nutzung: Ballons, Flöße, Schlitten, Blasen, Seile etc., ein Nomadenlager. Vielseitig gestaltete Projekte: Inventarisierung der Diversität, Verhaltensforschung, Erforschung neuer Moleküle für Pharmakopöe und Kosmetik und eine generelle Verbesserung der Lebensbedingungen. Als Garten und Gegenstand der Erkenntnis betrachtet, erzeugt die Natur keinen Abfall. Die Umsetzung der Ziele inmitten dieses Gartens verursacht keinerlei tiefgreifende Veränderung des Gebiets, keinerlei erkennbare Traumata und keine harte Anlage. Hier beginnt alles mit der Nutzung.

Um ein Medikament herzustellen, das aus Entdeckungen im Kronendach hervorgegangen ist, muss man folgende Abfälle bauen und im Raum anordnen:

- ein Laboratorium im Forschungszentrum
- eine Fabrik in der Industriezone
- ein kommerzielles Vertriebsnetz
- eine Art der Aufmachung, Verpackungen
- ein Zentrum zum Sortieren der Verpackungen
- eine Verbrennungsanlage für nicht recycelbaren Abfall

– ein Zentrum zur Nutzung recycelbaren Abfalls
– ein Krankenhaus.

Aus künstlerischer Sicht ist das ein fehlerhaftes Projekt: Im Verhältnis zum Dienst, den es erweist, besetzt es den Raum übermäßig.

In einem gewöhnlichen Garten, sagen wir, einem Gemüsegarten, erreicht die Summe der Überfrachtungen nicht ein Zehntel des Grundstücks: Hütte, Werkzeug, Gitterwerk, Einfassungen, Beläge, Gewächshaus, Frühbeet … Dafür produziert der Garten eine beträchtliche Menge Güter: Früchte, Gemüse und Wurzeln, Getreide, Blumen und Hölzer, alles organische Materie, die sich selbst in Abfall verwandeln kann. Recycelbar. Unmittelbar.

Daher der Kompost, königlicher Bezirk und Herz des Gartens. Dorthin geht alles, und von dort kommt alles zurück. Die dunklen Schleier der Ästhetik und der Moral haben sich über die Schalen gesenkt, und so hat man den Kompost in den hinteren Teil des Gartens verbannt, obwohl er sich im Zentrum befinden müsste. Der organische Abfall verwandelt sich in Nahrung. In der Beutekette endet er immer auf dem menschlichen Tisch. Deshalb hat er letztlich eine solche Bedeutung. Die Zukunft der Menschheit wird von ihrer Lebensweise direkt sanktioniert. Das reichste Land der Erde ist offensichtlich dabei, Selbstmord zu begehen. Der Planet hat daran nichts auszusetzen, vielleicht wäre er dann selbst entlastet. Dieser McDonald's-Teil der Erdoberfläche reißt die meisten der von seinem System beherrschten Zivilisationen mit sich. Die Globalisierungsgegner – da das nun einmal der Begriff für sie ist – äußern die Absicht, nicht sofort zu sterben, sie erahnen eine andere Art zu gärtnern, bei der die zentrale Frage des Abfalls nicht auf die leichte Schulter genommen wird und die Schalen, übrigens ein ökonomisches Argument, sich in den Rang von Energie erhoben sehen anstatt sich im Mülleimer wiederzufinden. Wie in einem Garten.

Gärtnern eignet sich so als Verwaltungsmodell, das die Grenzen des Gartens überschreitet. An diesem könnte sich eine Gesellschaft orientieren – darauf setzt der Planetarische Garten –, unter der Bedingung, dass sie die Auswüchse erkennt und vermeidet.[32] Was soll zum Beispiel der Laubbläser, ein lautes, umweltschädliches und übelriechendes Gerät, das die Erde und den Humus, die ganze nahrhafte Materie aufwirbelt, um mit Müh und Not ein paar Blätter auf dem Boden zusammenzuhäufeln? Saubermachen. Nach zehn Jahren Blasen, das den Bäumen die Feuchtigkeit und Nahrung entzogen hatte, starb im Parc de la Tête d'Or in Lyon plötzlich ein Wäldchen.

Ein lächerlicher Eingriff der Macht mit dem Ziel, das Gebiet seiner Ideologie gemäß zu unterhalten. Die durch Napalm verursachte Entlaubung der Mangroven hängt ebenso mit diesen gärtnerischen Entgleisungen zusammen wie alle Kriege von Vietnam bis zum Irak oder die Behandlung von Mais und die arme Madame Meilland[33], für die sich entschieden zu viele Blattläuse ansammeln.

Die großartigen Diener Regel und Idee verwandeln sich in absurde Tyrannen, sobald eine Ideologie und gesetzliche Bestimmungen aufkommen. Wir besuchten den großen Kauri-Baum[34] im Parc de la Rivière Bleue, einem Naturreservat südlich von Nouméa in Neukaledonien, und hofften, das seltsame Tier zu erspähen, das an diesen Orten wohnt: den großen Kagu. Ein Vogel mit roten Augen, der nicht fliegen kann und bellt, lohnt den Umweg. Auf der Lauer im neukaledonischen Dschungel hofften wir auf ein Kläffen, eine Klage oder irgendein hundeähnliches Tiergeräusch, um den Kagu im Pflanzendickicht auszumachen. Stattdessen erhob sich jenseits der Planken, auf denen wir liefen, ein Dröhnen. Ein »Aufseher-Bläser« war dabei, das Unterholz zu reinigen, er musste die toten Blätter beseitigen. In einem dichten und natürlichen Tropenwald fehlt es nicht an Blättern. Die Arbeit war unermesslich. Glücklicherweise, sagte man uns, handele es sich nur um den Steg aus Holz; man könnte ausrutschen, nun …

Der Bläser stimmte zu, dass ein Besen gereicht hätte, aber der Steg war so konzipiert, dass Fegen unmöglich gewesen wäre. Warum?

Bewundernswerte Zivilisation, hören Sie das Rezept für ein Höchstmaß an Scherereien: Nehmen Sie einen auf der Welt einzigartigen Primärwald und machen Sie ihn dem Erdboden gleich. Nachdem alle diese schönen Kauri-Bäume ausgebeutet sind, ist nur einer übrig, dem man nachsagt, er sei heilig. Schaffen Sie alsbald ein Reservat, um den nach Kauri-Bäumen und Reliquien der Aborigines gierigen Ökotourismus anzuziehen. Planen Sie einen Weg, der weder zu lang noch zu kurz ist. Bauen Sie einen Plankensteg, der bequem und zu jeder Jahreszeit begehbar ist. Bringen Sie sogleich Sicherheitsvorschriften auf der Strecke an: Der hochgelegte Weg stellt eine Gefahr dar, man braucht Kantsteine, um Unfälle von Rollstühlen zu vermeiden. Bauen Sie Kantsteine.

Lassen Sie die Blätter fallen.

Stellen Sie fest, dass man wegen der Kantsteine nicht fegen kann und noch weniger den Haufen über hunderte Meter ziehen.

Blasen Sie.

Dann wird das unter höchsten Schutz gestellte Reservat, das bisher nur mit stummen Ausrüstungen bewaffnet ist – Bodenroste, Mülleimer, Schilder und Bänke –, sich mit Geräuschen schmücken, die ihm fehlten. Motoren über Motoren und herbeigesehnte Tornados, Sie haben alle Rechte, inklusive, die Natur in ein experimentelles Territorium der Dummheit zu verwandeln.

Martial, ein Geograf aus Nouméa, begleitete uns. Seine Vitalität erlaubte ihm, seinen Rollstuhl selbst zu handhaben. Er fuhr überall hin und verwandelte sein Handicap in sein persönliches Gepäck. Ebenso wie das Fotomaterial, das er benutzte. Nach seiner Ansicht hätten zwanzig Zentimeter mehr auf jeder Seite genügt, den unseligen Kantstein zu vermeiden. Unmöglich, antwortete der Öko-Führer, der so tat, als suche er im dichten Blattwerk den Kagu, die Naturpfade haben genaue Maße.

Ah.

Kein Kagu. Dafür viel Blasen. Und drei vergnügte Frischlinge, hintereinander, wie alle Schweine dieser Welt.

Zurückgekehrt, nachdem wir die uns in Entzücken versetzende Tour zum Großen Kauri-Baum und einige Fotos von der klaren Rivière Bleue gemacht haben, beruhigt uns der Führer. Die Kagus sind nicht weit entfernt, es gibt eine Art, sie anzulocken. Aus einer Türtasche zieht er eine Kassette und legt sie durch die offene Tür des Allradgeländewagens in das Abspielgerät. »Hören Sie«, sagt er zu uns.

Bewundernswerte Zivilisation, hören Sie den Gesang eines seltenen Vogels, der aus Metallabfall am Grunde eines stimmlosen Waldes auftaucht. Das ist alles, was von einer alten Musik geblieben ist. Aber die Technik rettet uns und unser Gedächtnis.

Im Ökomuseum an der Rivière Bleue gibt es

- einen geklonten Kauri-Baum,
- einen Öko-Grévin-Führer,[35]
- einen Pick-up mit Allradantrieb der Farbe Isabelle,
- ein benutztes, aber zuverlässiges Fernglas,
- eine Kassette und ihr altertümliches Abspielgerät,
- und im Selbstbedienungsrestaurant eine Auswahl an McDonald's-Burgern nach Großmutterart wie zur Zeit des großen Kanakenreichs.

4
IST DER BAUM KAPITALIST?

Eingerahmt von dicken Strichen, die durch abbrechende Kreide unterbrochen sind, ein kurzer Satz auf der Tafel, wie man ihn in den alten Grammatiken findet: Subjekt, Verb, Objekt …

Er thront auf der abgewischten Tafel, die wie die Gegenstände ringsum – die Bürste, die Rückenlehne des Stuhls und der Fußboden des Pultes – milchig geworden ist. Jemand ist heute Nacht hier gewesen. Gestern noch: nichts an den Wänden, um den Widerstand, den wir auszurüsten versuchen, zu unterstützen oder aufzulösen. Wir: eine Gruppe entfesselter Studenten, die durch das Feuer der Revolte gewonnen sind, und durch den Wunsch, einen neuen Raum, eine Didaktik und einen unseren Idealen würdigen Inhalt zu entwickeln. Wir träumen laut.

In dem demokratischen Spiel finde ich mich als »Präsident des Reformausschusses« wieder, ein fabelhafter Titel, den ich noch für einige Stunden behalte. Die folgenden Diskussionen, die davon beherrscht sind, die Geheimnisse des kleinen Satzes zu entziffern, entscheiden meinen Rücktritt. Zunächst weiß ich nicht, was ich davon halten soll. Es handelt sich nicht um eine administrative oder technische Information der Verwaltung, wie man sie jeden Tag sieht, eilig hingeworfen, egal, worauf sie sich bezieht. Nicht einmal um den Rest einer Vorlesung, Kometenschweif, letzte Mitteilung vor dem Klingeln. Die Größe der Buchstaben und ihre Anordnung: In dieser Eindringlichkeit und Ökonomie erscheint alles wie ein Zeichen, eine Offenbarung.

Sobald er gelesen ist, breitet er sich aus, nimmt den Raum des Hörsaals ein, in dem die leeren Tische sich aneinanderreihen, und erreicht die Winkel des Saals und die Kammer mit ihrem geräuschlosen Projektor. Durch die Fenster, die Oberlichter und die Türen erreicht er die Außenwelt. Alles ist zu klein, um die Wörter zu erfassen, die ich im Rhythmus der Schulbücher wieder und wieder lese:

»Der Baum ist Kapitalist.«

Kann man den Satz umdrehen? Der Kapitalismus ist ein Baum, die Wurzeln verankert im Humus verborgener Fabriken, die Äste, auf denen sich die besten Erträge zeigen, dem Blick dargeboten. Wo versteckt sich in der schattigen Architektur der Eichen das Kapital? Kann man die Chlorophyllsynthese einem System angleichen, das erlaubt, die Reichtümer anzuhäufen? Wäre das jährliche Wachstum der Bäume der Ertrag dieser Akkumulation? Welches Interesse könnte der Baum an einem solchen Mechanismus haben, außer sein Leben zu sichern?

Sollte man statt einer Metapher ein Symbol sehen? Der Baum: Prototyp des städtischen Wohlbehagens, komplexer Hygieniker, Haussmann'sches Ornament und bürgerliches Vergnügen. Emblem der »Grünflächen«, das den wie angestrichenen Rasen zu Füßen der HLM[36] begleitet. Das entwürdigte Modell eines Sozialvertrages, das Natur als anonyme Almosen verteilt: ein Prozent verbindliches Zugeständnis. Sollte es sich um eine Beleidigung handeln: Wir geben euch ein bisschen Grün, haltet euch ruhig?

Die folgende Versammlung bringt keinerlei Licht. Das Licht kommt von draußen, mit den Ausschweifungen des Frühlings: die Sonne so hoch, das Gras in seiner Triebkraft und die Körper einer Menge, die außer sich ist. Obskures Licht in den mit schwarzen Fahnen behängten Faubourgs, wo die Demonstrationszüge in Wolken, Schilden, Schreien und Tränengas vorrücken, wo Paris sich den erfinderischen Abweichungen des Geistes hingibt und selbst das Pflaster Schlagworte hervorbringt.

Sicherlich, es gibt Diskussionen und Ideen, aber das Dringliche scheint woanders stattzufinden, und das so weit entfernte Versailles – noch einmal zu weit – erhält die Nachrichten im Zufall des Windes wie Schmutzspritzer. Dort beende ich mein Studium. Der Beruf des Landschaftsarchitekten hängt immer noch von der École Nationale d'Horticulture ab, ein verbindlicher Weg, sagte man, um sich den Gärten angemessen zu nähern. Winzige erleuchtete Fragmente der Hauptstadt erreichen glücklicher- oder unglücklicherweise die verschlafenen Städte rundherum. Eines dieser maßgeblichen Fragmente, in großen Buchstaben auf der Tafel, durchsetzt unsere Arbeiten: eine Einladung, unsere vernünftigen Reformen mit der wahren Revolution zu vereinigen. Wir waren kaum mehr als sechs oder acht, um die Debatte zu führen. Einer von uns wagte die Hypothese eines Paares zu wiederholen, das ausdrücklich vom Odéon gekommen war, wo die Revolte kochte, um den unwissenden Versaillern die Wahrheit über die Bäume und die Menschen zu offenbaren. Man musste von hier fortgehen.

Meine Mutter langweilte sich bei den Rechten, auch wenn sie dort Beziehungen und Überzeugungen hatte. Sie ging mit einem Velo-Solex[37] auf die »Barrikaden«. Das Licht der Krawalle stieg bis zur Rue Claude-Bernard hinauf, wo wir wohnten. Schließlich geschah etwas. Mein von Natur aus besorgter Vater hortete Benzinreserven. Ich beschloss, Pflanzen zu sammeln.

Zu dieser Zeit ähnelte die Nationalstraße 20, welche die Champagne berrichonne durchquert, einer ländlichen Straße. In der Umgebung von Massay konnte man auf den Seitenstreifen halten, ohne den Verkehr zu stören. Dort fand ich drei Ophrys-Arten und eine andere zierliche Orchidee: *Aceras anthropophora*, Ohnhorn. Später habe ich diese kleine Blume mit langgestreckten Lippen, die es auf kalkhaltigem Boden gibt und sonst nirgends, niemals wiedergesehen. Ich fuhr in die Creuse, eine so saure Gegend, dass sie sich im Frühling mit Kleinem Sauerampfer bedeckt. Die Familie der Orchideen ist dort schlecht vertreten. Beim Durchstreifen eines aufgegebenen Feldes begegnete ich am selben Tag einem winzigen, von blauen Kreuzblumen begleiteten Brand-Knabenkraut (*Orchis ustulata*) und später, in den Ruinen des Schlosses von Crozant, einer Bocks-Riemenzunge (*Loroglossum hircinum*) mit dem Duft eines Ziegenbocks, die im Geröll auftauchte. Keine dieser Pflanzen hätte dort, wo Granit zutage tritt, vorkommen sollen. Der Kalkmörtel und die kalkhaltigen Düngemittel könnten ihre Gegenwart erklären.

Die meisten Arten meines Herbariums stammen aus

dem Sommer 1968. Dafür gab es Gründe genug: den Raum, die Zeit und das schöne Wetter. Den endlosen und verräucherten Debatten über die Freiheit, bei denen nur ein endloses Gewebe von Hypothesen herauskam, ziehe ich die Erfahrung vor. Während ich darauf warte, dass die Gesellschaft sich darauf vorbereitet, die bürgerlichen Regeln zu etablieren, mit denen sie glaubt, das Volk zu gewinnen, scheint es mir nach wie vor möglich, eine Reise zu machen. Der Lärm, das Scharmützel drang stoßweise und von fern zu mir, wie das Toben bei einem Spiel, zu dem ich nicht mehr geladen war. Kann Reisen das Gefühl der Verlassenheit bannen, das uns manchmal befällt? Ich wollte sehen. So lernte ich, mich vom Blick forttragen zu lassen.

Durch diese Zähmung der betrachteten Dinge überkam mich eine Einsamkeit, von der ich nichts sagen kann, als dass sie mich zum Freund dessen machte, was wir allgemein Landschaft nennen.

Das stand nicht in den Büchern. Nichts kündigte die Irrfahrt an. Niemals bin ich zum Ausgangspunkt zurückgekehrt. Die an jenem Tag eingeschlagene Route führte ständig um die Welt. Jedes Mal beschreibt sie neue Strecken. Geografie, wechselndes Licht, Reisende, die einem auf dem Weg begegnen, andere Blicke, die notwendigerweise den eigenen kreuzen.

Der kleine Satz auf der Tafel bewahrt seine Geheimnisse. Ruhiggestellt, verkriecht er sich im Innersten irgendeines Baumes; er wirkt im Schatten. Manchmal taucht er auf, fliegt hermetisch und gewaltig durch die legitimen Texte und schickt sich an, eine ernste Botschaft zu vermachen, ohne dass sie je bei den Erben ankäme.

Lange habe ich die unwahrscheinliche Heirat zwischen Natur und Politik abgelehnt. Mehr noch den gegenseitigen Kampf. Es ist unmöglich, sich auf den Schlachtfeldern zu begegnen, die so weit voneinander entfernt sind, dass die Streiter – oder die Freunde – keine Chance hätten, sich zu einigen. Übrigens mache ich keinen Gebrauch von der Stimmabgabe. Was soll man in die undurchsichtige oder durchsichtige Urne werfen? Mit unhaltbaren Versprechungen geschwärztes Papier, endlose boden- und gesichtslose Reden. Die Republik gab mir recht darin, mich zu enthalten.

Ich ließ es bei den Gärten und den unendlichen Landschaften bewenden, aus denen sie gemacht sind. Das reichte.

Die politische Frage blieb dabei ungelöst oder vielmehr still, aber ich achtete zweifellos auf die möglichen Bedingungen ihres Auftauchens.

Die Gelegenheit zeigte sich als Anbruch einer neuen Ära. Plötzlich artikulierte sich die Rede eines Mannes. Es handelte sich nicht um einen Politiker, sondern um einen Mann. Es war wirklich meine erste Wahl. Ich wählte und fügte meine Stimme den wenigen hinzu, welche die Kandidatur von René Dumont befürworteten. Erster Streiter für die Ökologie, in einer Zeit, als dieser heute verkommene Begriff noch einen Sinn hatte, wie man sich vielleicht erinnert. In der Hand hielt er ein lächerliches Glas Wasser, winzig, aber trinkbar. Unweigerlich spricht man von Zeiten, als man noch aus Quellen trinken konnte.

Das Ergebnis dieser Wahlen – kaum ein Prozent – nährte den Sarkasmus der Konformisten und machte die Parteigänger des Lebens lächerlich. Es bedeckte

Frankreich mit einer Schande, von der es sich niemals wirklich erholt hat. In diesem Moment, während ich schreibe, badet das Ökologieministerium in dem Öl, mit dem es selbst die Gezeiten nährt, schwimmt mit Genuss im Nitrat, angelt, jagt und macht mit Vergnügen weiter wie bisher. Sobald es Schaden nimmt, brennt es die Verletzung mit Ökomuseen aus, und um seine Freizeit auszufüllen, klassifiziert es hier und dort eine hübsche Landschaft für die Reiseführer.

Dreißig Jahre trennen den Mai 1968 vom Mai 1998. Zu diesem Zeitpunkt erarbeite ich das Szenario der Ausstellung »Jardin Planétaire« (Planetarischer Garten). Der von der Direktion der Grande Halle und des Parc de la Villette vergebene Auftrag erfolgt unerwartet, einige Monate nach dem Erscheinen von *Thomas et le voyageur* (*Thomas und der Reisende*), eines Essays, der die Grundlagen des Plädoyers entwirft. Ich hatte mich entschieden, über »Ökologie« zu sprechen, ohne das Wort selbst zu benutzen, das durch so viele Kämpfe, Bedenken und Radikalismen tief auf das Niveau der Unbeliebtheit gesunken ist. Das Wort »Garten«, das geeignet ist, die Öffentlichkeit auf einem Boden des Einverständnisses zu versammeln, gefällt mir besser. Dieser dem Planeten zugesellte Begriff erweitert die Horizonte des normalen Gartens und passt wie jeder Prozess der Globalisierung zu einer egalitären Staatsbürgerschaft.

Die Art und Weise, wie man die Welt versteht, hat zur unmittelbaren Konsequenz, wie man mit ihr umgeht. »Gärtnern«, ein Ausdruck der kulturellen Diversität, bedroht oder schützt die natürliche Diversität, je nach den angewandten Methoden.

Die Ausdehnung des Gartens auf den Planeten legt nahe, alle agrarischen Techniken als Teil des planetarischen Gärtnerns zu verstehen. Für jede Pflanzenkultur, z. B. den Reis – Grundnahrungsmittel eines bedeutenden Teils der Menschheit –, sind die Bewirtschaftungsberichte trotz einer gewissen, der Globalisierung geschuldeten Vereinheitlichung verschieden. Welcher Unterschied besteht zwischen Bali, dem hinduistischen Teil des islamischen Indonesiens, der Camargue oder dem christlichen Louisiana?

Zur Reifezeit des Reises nimmt man auf Bali eine Opferhandlung zu Ehren der Reisgöttin Dewi-sri vor. Zwei kleine, aus Palmblättern geflochtene Figürchen, die einzeln auf Halmen befestigt sind, repräsentieren Mann und Frau als Symbol der Fruchtbarkeit. Einen Teil der Körner nehmen sich die Vögel und die Ratten. Zu den Rufen der Wächter auf den Reisfeldern gesellt sich ein Arsenal von Vogelscheuchen und Wind-Xylophonen. Sie verjagen die lästigen Sperlingsvögel – *burung padi* –, deren so leichter Körper sich auf die Ähren setzen kann, ohne sie zu brechen. Die Art und Weise, die verschiedenen Vögel zu erschrecken, variiert in den Gebieten der Insel. Die mit Lumpen bekleideten menschlichen Figuren, wie man sie bei uns sieht, erscheinen selten auf den Feldern. Die Balinesen arrangieren lieber glitzernde, an unsichtbaren Fäden im Netz hängende Materialien. Auf diese Weise prägen aus Markttaschen geschnittene Plastikstreifen, die vom geringsten Windhauch bewegt werden, die Reisfelder. Der Uneingeweihte sieht in den allgemeinen Verrichtungen – der Musik und den Fahnen – die Arbeit eines Künstlers und nicht das Schuften auf den Feldern.

Zu Füßen der Figürchen legt man Kuchen aus rosafarbenem Reis, Frangipani- und Hibiskusblüten und einige weiße Reiskörner und Früchte nieder. Der mit einem neuen Sarong und einem langen gelben Gürtel bekleidete Opferpriester spritzt auf den temporären Altar Tropfen eines heiligen Wassers, das vom Gunung Agung, dem Territorium der Götter, kommt, im Muttertempel Besakih geweiht und überall auf der Insel verteilt wird. Schließlich spricht man passende Mantras in altem Kawi[38] und beschreibt Rauchspiralen mit Räucherstäbchen.

In Louisiana sprüht man im Augenblick, wenn der Reis Früchte bildet, per Flugzeug ein starkes Pestizid. Die Bibel hat nichts anderes vorgesehen.

Im einen Fall erfreut man die Götter, den Reis und die Tiere, die das Universum bevölkern, im anderen verdient man Geld.[39]

Eine ganze Art der Verwaltung hängt von den Fundamenten ab, auf denen unsere Überzeugungen errichtet sind. Eine ganze Politik leitet sich von dieser Verwaltungsweise ab. Und nicht umgekehrt. Wenn zufällig und aufgrund blühender Utopien oder technokratischer Pläne – Flurbereinigungen, Zerstückelungen und andere »Handlungsrahmen« – eine Verwaltung aus einer Politik hervorgeht (das lässt sich beobachten), geschieht das nicht, um eingefahrene Schemata zu hinterfragen, sondern vielmehr, um sie durch Vereinfachung zu bekräftigen. Die übliche Landwirtschaftspolitik ist ein tragikomisches Beispiel des westlichen Taylorismus.

Die im Netz der jeweils eigenen kulturellen Anschauung als Geisel gehaltene Natur zahlt einen um so viel schwereren Tribut, wenn das betreffende kulturelle

System den Menschen als Herrn des Kosmos ausgibt, und einen um so viel leichteren, wenn es ihn den anderen Lebewesen gleichstellt. Der indianische Animist in den amerikanischen Tropen betrachtet den Baum oder den Puma als einen Menschen, der die Form des Baumes oder des Pumas angenommen hat. Wenn wir den Baum betrachten – oder den Puma, was weniger häufig geschieht –, kommt uns die Idee einer Gleichwertigkeit nicht in den Sinn.

Das Gefühl der Zugehörigkeit zur Welt sollte nicht mit dem Wunsch einhergehen, sie zu beherrschen. In der Praxis treffen sich das im Namen eines Glaubens geopferte Tier, dasjenige, das man tötet, um sich zu ernähren, oder dasjenige, das man aus Vergnügen jagt, im selben Nichts: Sie verschwinden von der Oberfläche des Globus. Aber die Beziehungen des Menschen zu dem, was ihn umgibt, wie zum Beispiel zu diesem Tier, entstehen in den verschiedenen Fällen nicht aus denselben Weltanschauungen, denselben Distanzen und denselben Berührungen mit den Lebewesen ringsumher. Von Sicherheiten leben, von denen ausgehend jeder seine Existenz fühlt: Das ist der subjektive Teil des Raums. Deshalb enthält die »Landschaft« – Territorium des Affekts – so viel Geist und Materie zugleich, wohingegen die »Umwelt«, welche die Kulturen mit ihren objektiven und allgemeinen Überzeugungen durchquert, den Inhalt des Raums austrocknet und den Glauben untergräbt, bis nichts mehr auf der Erde übrig ist als ein Haufen Staub und Asche, der Biomasse genannt wird.

Das ist kein Grund, die Vermessung der Welt und die Werkzeuge der Wissenschaft aufzugeben. Die Ökologie, die wegen dieser besonderen Dimension eine Art

»Biometrie« ist, erleuchtet unser Universum mit bisher ignorierten Daten. Ohne eine ernsthafte Berücksichtigung der ökologischen Parameter hätte der Begriff »Planetarischer Garten« niemals das Licht der Welt erblickt. Selbst das einen umschlossenen Ort bezeichnende Wort »Garten« lässt sich nur unter der Bedingung, seine Bedeutung zu bewahren, zu Recht auf den Planeten anwenden. Die Herausbildung der Ökologie, ein noch nicht dagewesener Durchbruch in der historischen Beziehung des Menschen zur Natur, trifft mit einer systemischen und daher globalisierten Anschauung des Lebendigen (der Ökosysteme) zusammen. Dabei wird das Forschungsgebiet auf die Biosphäre begrenzt. Schreckliche Entdeckung: Die als ein dem Leben vorbehaltenes Territorium verstandene Erde ist ein umschlossener Raum, der durch die Grenzen der lebendigen Systeme (die Biosphäre) begrenzt ist. Sie ist ein Garten. Einmal ausgesprochen, verweist der Befund jeden Menschen, jeden Passagier der Erde, auf seine Verantwortung als Garant des Lebendigen, dessen Verwalter er ist. Hier ist er Gärtner. Eine Rolle, auf welche keine Gesellschaft – abgesehen von einigen eigensinnigen animistischen Völkern – eingerichtet war. Das erklärt die beträchtlichen Schwierigkeiten der Mehrheit der jeweiligen Bevölkerung, ihre Überzeugungen mit dem brutalen Gewissenszustand in Übereinstimmung zu bringen, in den das ökologische Denken sie stürzt. Das erklärt auch die von mächtigen Staaten initiierten Ausflüchte und vielfältigen Umschiffungen sowie diplomatische, ökonomische und politische Manöver, bis hin zur Steigerung jeglicher Art von Fanatismus, um jede beliebige Haltung zu rechtfertigen, die sich dem ökologischen Einfluss zu entziehen erlaubt. Die Überzeugungen und Interessen mit den Erfordernissen des »Gärtnerns« in Übereinstimmung zu bringen, wird lange dauern, und vielleicht wird es niemals so weit kommen.

Während ich erwarte, was vielleicht niemals eintreten wird, habe ich gelernt, die objektiven Gegebenheiten des Ortes, an dem wir sind, und jene undefinierbaren Gegebenheiten, die man subjektiv nennt, zusammen zu betrachten. Im Laufe der Jahrhunderte bilden sie zusammen das Territorium. Jedes Fragment des menschengeprägten Raums kann vielleicht als ein Palimpsest angesehen werden, auf dem sich die großen Weltanschauungen übereinanderlegen und einprägen. Von nun an muss man dort einen höheren Bewusstseinszustand hinzufügen, der durch die Interaktion der lebendigen Wesen, aber auch durch die der kulturellen Systeme definiert ist: Öko-Ethno-System, eins und verschieden zugleich. Großer Garten, kleiner Planet.

Ich werde also niemals wissen, ob der Baum Kapitalist ist, wenn sich das marxistische Kraut in Opposition zu seinen Füßen ausbreitet wie eine rebellische und aufstampfende Menge. Ich habe die pétainschen Bestrebungen der Esparsette und den nietzscheanischen Hang des Milzkrauts in der Tiefe der Wälder und am Rand der Bäche nicht ausgeschöpft. Aber ich weiß, dass alle Lebewesen, deren einzige Intention es ist zu leben, sich irgendwann aufgerufen sehen, ein – starker oder unbedeutender – politischer Gegenstand zu werden.

Springender Punkt der Argumentation.

Dies ist auf ihre bloße Existenz zurückzuführen.

5
KONZEPTE UND KONZEPTEURE[40]

Die Begegnung mit einer unbekannten Landschaft fügt der Sammlung der im Gedächtnis gespeicherten Landschaften ein Bild hinzu. Sinnlich wahrnehmbares Gemälde. Freie Interpretation.

Diese Phase der Begegnung gehört der Ergriffenheit, ohne die man vergeblich auf eine Auffassung hoffte, um eines Tages ein Projekt zu entwerfen. Man spricht über eine Gegend nur angemessen, wenn man dort war. Die schriftlichen Dokumente, die Ikonografie – Fotos, Zeichnungen und Karten –, die Filme und die Reportagen ersetzen niemals das Eintauchen, aus dem »der erste Eindruck« entsteht. Man sollte diese Zeit nicht unterschätzen, da das Projekt sich ebendort findet. Versiegelt. Eingebettet in die Luft, im Augenblick nicht zu fassen, aber gegenwärtig. Es ergibt sich aus der Gegenüberstellung des komplexen Emittenten Umwelt und des komplexen Rezipienten Mensch.

Die Sammlung objektiver Daten gehört zu einer zweiten Phase. Jeder Ort auf dem Planeten lässt sich beschreiben: locker oder ausführlich, durch einfache Anhaltspunkte oder umfassende Dossiers. Manche profitieren von ausgefallenen Wirkungs- und Machbarkeitsstudien. Ihr Ziel ist es, die Zustimmung der Bewohner zu gewinnen, selbst wenn man binnen kurzer Zeit ihren Lebensrahmen zerstört. Manchmal sogar das Leben selbst. Umsiedlung der Einwohner, Überflutung von Tälern und Autobahntrassen: Einrichtungen von öffentlichem Nutzen dulden keine Diskussion. Die Wirkungsstudien bieten zumindest den Vorteil, vielfältige Gegebenheiten zu versammeln: Geschichte und Geografie, Klimatologie, Soziologie und andere Wissenschaften zum Nutzen der Macher.

Umstellt, gefesselt und von Informationen durchbohrt, verlangt der in die Knie gezwungene Ort dringend ein Projekt. Die Konzepteure halten sich bereit.

Konzepteur …

Der Brauch will es, dass der Architekt eines Projekts sich so nennt. Aufgrund dieses Sprachgebrauchs wird er verantwortlich für alles Nähere oder Fernere, das ein Problem verursachen kann. Als Konzepteur läuft es für ihn darauf hinaus, dass er die Verantwortung für eine Anlage übernimmt, die der Benutzung unterworfen ist. In keinem Augenblick geht es um das Konzept. Die durch den Ausdruck Konzepteur belastete Streitsache betrifft das konkrete Bevorstehen einer Gefahr, für die man Anordnungen treffen muss. Die Philosophie des Projekts interessiert die Verwalter nicht. Sie wollen nur wissen, an wen sie sich im Falle eines Rechtsstreits wenden müssen.

Ich war nicht so naiv, das Gegenteil zu erwarten, als die Werksleitung des Quai de Javel sich an unsere kleine Gruppe als Konzepteure wandte. Der Parc André-Citroën ging aus einer Vereinigung zweier Mannschaften hervor, in der jeder von uns von derselben eisigen Ehre profitierte.[41] Bis zu diesem Tag gehörte ich zu den *paysagistes* oder *jardiniers* (Gärtnern) oder auch zu den *jardiniers-paysagistes.* Jetzt behandelte man mich als *architecte-paysagiste.*[42] Weder Beleidigung noch Kompliment, nur eine buchstabengetreue Übersetzung des englischen Amalgams, das man in Frankreich benutzt, um sich überlegen zu zeigen: *landscape architect.*

Meistens nennt man mich bei meinem Namen.

In Frankreich reizen die großen Projekte die Konzepteure. An diese Ausdrucksweise scheinen alle gewöhnt zu sein. Beim ersten Mal fragte ich mich erschrocken, wohin ich mich wenden solle, um in mir den Konzepteur zu entdecken. Nach einigen Tagen, in denen ich mir über den Ausdruck den Kopf zermarterte, hatte ich ihn von allen Seiten beleuchtet. Diese Art von Wort widersetzt sich der Frage. Es lässt sich bewundern, hernach gelangt es in die Stratosphäre der Abstraktionen.

Um nicht unterzugehen, kann man das Wörterbuch zu Rate ziehen. Bei jeder Gelegenheit das Buch der Bücher, anstatt literarische Schattenzonen zu erhellen, stellt es eine solide Rettungsboje dar. Einige tückische Wörter entziehen sich dem Licht. Bei *Concept* scheinen die Enzyklopädiker zu resignieren: »In der Philosophie Idee, vom Geist erfasstes Objekt«. Und weiter: »Die französischen Gelehrten haben das Wort *Concept* geschaffen, um den berühmten *Begriff* der Kantischen Philosophie zu übersetzen, der für jede allgemeine Vorstellung gilt, ohne absolut zu sein.« Der Redakteur präzisiert mit gespitzter Feder, dass man sich fragen könne, ob es notwendig war, ein bereits reiches Vokabular zu vergrößern: Vorstellung, Idee und Objekt sind seiner Meinung nach ausreichend. Der *Grand Larousse* des 19. Jahrhunderts kennt das Wort *Concepteur* nicht, das der zeitgenössische *Grand Dictionnaire Universel* als »wenig benutzten Neologismus« beschreibt.

Alle Wörter, die von der lateinischen Wurzel *concipere* ausgehen, beschwören die Schöpfung im Sinne der Reproduktion des Lebewesens: unbefleckte Empfängnis (*immaculée conception*). Eine kleine Gruppe von Wörtern entfaltet sich in alphabetischer Ordnung. Man spricht hier vom konzeptiven (*conceptive*) Vermögen, aber auch vom Konzipisten (*concepiste*), ein Name, den man in Spanien den überspannten Kultisten gegeben hat, Dichtern, die nur ungewöhnliche bildliche Ausdrücke gelten ließen.

Weit genug von der kantischen Philosophie entfernt, halten sich die Bauherren – unsere Klienten und Auftraggeber – indessen an eine vereinfachte Auffassung des Wortes, die kein Lexikon erwähnt: Der Konzepteur ist derjenige, der das Projekt *dessine* (zeichnet, entwirft) und benennt. Er ist verantwortlich für ein von seinem beflügelten Gehirn produziertes Bild. Ist er deshalb ein *Dessinateur* (Zeichner, Designer)? Nein, der Zeichner ist für den Konzepteur das, was der Gärtner für den Landschaftsarchitekten ist: ein Ausführender. Man darf nicht alles vermengen!

In einer unbekannten Landschaft angekommen, wird der Landschaftsarchitekt gemäß seiner hohen Funktion antworten: ein Konzept entwickeln? Wird er genügend Distanz haben, um sich von den Empfindungen zu lösen, die ihn mit diesen Orten verbinden? Eine Argumentation abrollen lassen? Eine Theorie begründen, ein Vokabular festlegen, seine Entdeckungen als Wahrheiten ausgeben? Sich wundern, dass niemand vor ihm die Bedeutung der augenscheinlichen Eigenheiten erkannt hat, deren Liste er erstellen konnte? Dabei ist es so einfach. Wird er im Gegenteil seinen Impulsen nachgeben und zeichnen, lautstark sprechen oder lachen? Eine kleine Installation machen?

In Wirklichkeit ächzt der Konzepteur, dieser Mensch unter Menschen, unter den aussagekräftigen Dossiers, entschlüsselt die lokalen Zwänge und versucht, die gegensätzlichen Interessen eines mehrköpfigen Klienten zu durchschauen, nimmt die Programme unter die Lupe, erfindet sie im Zweifel, stellt eine Mannschaft auf und wirft sich in eine Verhandlungsschlacht mit den Bauplanungsstellen.

Niedergeschmettert und in den Schraubstock genommen zwischen dem Abgabetermin und den Fälligkeitsdaten der Banken, kritzelt der Konzepteur schließlich unter Aufbietung aller Kräfte eine Skizze, eine Art Geständnis unter der Folter der Möglichkeiten. Er sagt: »Hier mein Können, das ist eine Idee, sie ist gut und ich verteidige sie.« Und er erfindet ein Plädoyer, das die Fantasterei des Duktus rechtfertigt. Eine wohl dosierte Rede, abklopfend und wenn möglich »konzeptuell«. Freilich klar und mit annehmbaren Zahlen bestreut. Ein Plädoyer, welches der administrativen Hydra unterworfen ist und unter anderen dasjenige auswählt, das er als abänderbar einschätzt.

Wenn der Urteilsspruch auf den Lorbeergekrönten niedergeht, beginnt eine Prüfung, bei welcher der an die Tastatur seines Computers gezwungene Konzepteur das Gedächtnis der Festplatten füllen muss, bevor er –

eine halb zerlegte Marionette – von einem umfangreichen Beratungsdossier der Unternehmen (DCE)[43] entbunden ist.

Das Atelier eines Konzepteurs besteht aus Computerbildschirmen, Katalogregalen, Dossierwänden und Zeichentischen, auf denen man nicht zeichnet. Seine Zeitplanung teilt sich in Sitzungen: telefonisch, per Computer oder physisch, wobei er jedes Mal ein Besprechungsprotokoll erstellt. Das entsprechend der Teilnehmerzahl kopierte Protokoll vergrößert die Masse der Dossiers, von denen im Laufe der nächsten zehn Jahre nicht ein Blatt verschwinden darf.

Manchmal, wenn auch selten, hat der Konzepteur das Glück, eines seiner Projekte Wirklichkeit werden zu sehen. Wenn er die Leitung des Werks bis zur Baustelle behält, kann er hoffen, über das Resultat in Entzücken oder in Verzweiflung zu geraten. Die übrige Zeit produziert er Papier.

Mit jedem Projekt verschwindet ein Wald.

Von allen Konzepteuren ist der Landschaftsarchitekt derjenige, der hoffen kann, eines Tages einen Wald zu pflanzen, den seine Projekternte hat verschwinden lassen. Ein Vorteil.

Die Stellung des Gärtners führt kaum zur Konzeption. Zumindest sagt man das. Der Gärtner gärtnert. Der Gärtner produziert kein Papier. Oder nur sehr wenig. Der Gärtner hat die Hände beschäftigt und den Geist frei.

Um mich der Tyrannei der gesellschaftlichen Raster zu entziehen, bezeichne ich mich als Gärtner. Ich habe den Geist nicht so frei, wie ich ihn gerne hätte, aber die Hände sind beschäftigt. Bevor das Haus stand, hatte ich mit dem Garten begonnen. Die zwei sind in einigen Jahren zusammengewachsen. Ich ging von der Maurerkelle zum Rechen. Das Haus als toter Gegenstand fand seinen Abschluss, während der Garten immer wieder aufs Neue beginnt.

Während ich die Maurerkelle nicht mehr dringend brauche, benutze ich den Rechen weiterhin. Manchmal auch die Feder. So ist *Le Jardin en Mouvement* (*Der Garten in Bewegung*) im Frühjahr 1991 erschienen.

Ist plötzlich ein »Plan« aufgetaucht? Die mit neuem Blick angeschaute Natur wird vollwertiger Mitspieler. Der Gärtner lädt sie ein, Entscheidungen zu teilen. Mit manchmal vertrauten Bildern kommt der Garten wieder zu uns – Brachen, Fragmente der Natur, blühende Felder –, aber die Fundamente, auf die er sich stützt, sowie die Art, in der er das Objekt verwaltet, gehören nicht vergangenen Vorbildern an.

Die Wirklichkeit liegt ganz im Experiment.

Einzig und allein.

Ohne Gärtnern existiert der Garten nicht.

Man kann in Achtung vor den Traditionen gärtnern. Man kann anders gärtnern. Seit dem Kauf eines Geländes im Jahre 1977 habe ich diese Wahl getroffen: die Natur entdecken, bevor man sie unterwirft.

Als ich mich dem Verhalten der Arten widmete, erkannte ich das Ausmaß eines unermesslichen Missverhältnisses zwischen ihrer natürlichen Fähigkeit sich auszubreiten, sich zu reproduzieren und zu ruhen, und unserem Wunsch, sie »schön zu machen«. Es ist unmöglich, diese beiden Einstellungen zu vereinigen, solange man dem ästhetischen Kanon der »Gartenkunst« unterworfen bleibt. Wie kann man eine Lösung finden, welche die biologische Tatsache und die Raumgestaltung wieder vereinbar macht?

Wenn man zulässt, dass das Faktum der Biologie das Gärtnern leitet, bleibt nur ein Weg zu handeln: ihre eigene Raumgestaltung zu belehnen und als gültig zu erklären, weil sie richtig ist. Könnte man die Brennnesseln bewundern und über eine Brache staunen, aus dem Reichtum der vernachlässigten Materie schöpfen, um einen Garten anders zu machen? Das Erscheinen und Verschwinden der Arten dort akzeptieren, wo man eine Unveränderlichkeit der Formen erwartet? Eingespannt in diese Aufgabe, habe ich schließlich akzeptiert, dass die Bewegung und nur sie – den physischen und biologischen Annahmen nach – es erlaubt, eine schwierige Frage zu lösen: auf das Lebendige zu reagieren, ohne dass die veränderbaren Formen, deren Experte der Gärtner ist, ihn jemals zur Verzweiflung bringen.

Das bedeutete, den Garten als ein privilegiertes Territorium von Veränderungen der Erscheinung, der Farben und selbst der Pflanzenfolge aufzufassen … gefährdet durch die Architektur als einzige Methode gegen die Furcht vor dem Raum. Aus dieser Haltung musste eine neue Ästhetik entstehen, deren Fundamente sich weitgehend auf ein Lektürenetz stützen, das von den Wissenschaftlern und nicht von den Gestaltern dargeboten wird.

Henri Laborit formuliert das Prinzip der Äquivalenz zwischen der Gestaltung, die wir unter ihren geometrischen, an die tote Materie gebundenen Aspekten betrachten, und der Information als formgewordene biologische Nachrichten und lässt auf diese Weise plötzlich eine Lesart der Natur erscheinen, die sich als annehmbar erweist – weil sie verständlich ist –, gleichgültig ob sie in ihrer Üppigkeit als wirr oder unausgewogen verurteilt wird. Auf den Garten angewendet, vergrößert diese Weltanschauung das Feld der ästhetischen und formalen Toleranzen. Sie erlaubt, einen überbordenden Augenblick der Natur zu schätzen – wie auch immer seine formale Lesbarkeit sei – und begnügt sich mit dem Schauspiel, nicht weil es schön ist, sondern weil es verstanden ist. Um den Garten in Bewegung zu entwickeln, habe ich zunächst diese Haltung eingenommen. In der Folge habe ich gemerkt, dass es möglich war, die formale Ästhetik, die wir in Gärten und Landschaften gewohnt sind, mit dem Gleichgewicht eines Ökosystems zu verbinden.

Man muss den theoretischen Teil des Plädoyers als Analyse eines engagierten Experiments betrachten, mit anderen Worten, einer Forschung. Die Diversität zu nutzen, ohne sie zu zerstören, bedarf der Unterstützung des Lebendigen und der Gegenwart des Gärtners (des Meisters des Werks), damit er die vermuteten Bewegungsfähigkeiten überprüft, modifiziert oder hindert. Man braucht ein Grundstück im eigentlichen Sinn, eine mit Erde bedeckte Fläche, einen Boden.

Als ich einen Garten anlegte, hatte ich nicht den Ehrgeiz, eine Praxis zu theoretisieren und daraus ein Buch zu machen. Es reichte mir vollkommen, den eigenen Körper mit dem Körper des Gartens zu vergleichen, um dadurch zu Worten zu kommen. Lange Zeit habe ich gegärtnert, ohne die Ideen zu beleuchten. Doch fehlte es nicht an Gesichtspunkten: die Diversität vor Ort bewahren und wachsen lassen, die eigene Energie der Arten nutzen, entgegengesetzte Energie nicht unnütz verbrauchen und zu dem Schluss kommen, den ich so oft wie nötig wiederhole: so viel wie möglich mit, so wenig wie möglich dagegen machen.

Während der Garten in Bewegung als Prinzip ausschließlich vom Experiment herrührt, entsteht der Planetarische Garten aus einer nomadischen, dem Experiment (den Reisen) vergleichbaren Beobachtung, die mit einer Hypothese verbunden ist: Kann man die Erde als einen einzigen Garten betrachten? Kann man die Grundsätze des Gartens in Bewegung auf ihn anwenden? Die zur Verfügung stehende Nahrung (oder der Reichtum) verkleinert sich für eine immer größer werdende Zahl von Konsumenten, während sie für eine immer kleiner werdende Zahl von Privilegierten wächst. Parallel dazu erschöpft sich die Diversität, die Erzeugerin allen Reichtums, unter dem Druck der wachsenden Aktivitäten und ihrer Zahl. Ein Gleichgewicht zwischen dem Räuber und seiner Beute kann nur der schaffen, bei dem sich das Gewissen meldet – natürlich unter der Voraussetzung, dass man planetarisch teilt. Es gibt keinen planetarischen Gärtner, so wie es kein lokalisiertes Beispiel des Planetarischen Gartens gibt. Der Planetarische Garten ist ein Prinzip, sein Gärtner ist die ganze Menschheit.

Er schlägt vor, die Diversität als Garantie einer Zukunft für die Menschheit zu betrachten. Man muss sie kennenlernen, sie erfassen und schützen. Ein unendlich kleiner Teil dieser Diversität, die auf unermesslichen Flächen genutzt wird, ist mit anderen letalen Pressionen – Umweltverschmutzung und Überbevölkerung – am allmählichen, aber immer schnelleren Schwinden der globalen Diversität beteiligt. Die wichtige Frage, die durch den Planetarischen Garten gestellt wird, ist diese: Kann man die Diversität nutzen – nachdem man sie gründlich aufgenommen und verstanden hat –, ohne sie zu zerstören?[44] Um noch weiter zu gehen: Können die Standortbestimmung und das Verständnis der Mechanismen, welche die Lebewesen miteinander verbinden, aber auch die ganze oder partielle Nutzung dieser Komponenten als Mittel betrachtet werden, die Diversität zu retten? An Beispielen eines ausgewogenen Verfahrens fehlt es nicht in der Natur. Man kennt den berühmten Fall der dornigen Akazien der afrikanischen Tropen, deren Blätter ein Toxin produzieren, das dazu bestimmt ist, die Impalas abzuschrecken. Die einer exorbitanten Beraubung unterworfene Pflanze begnügt sich nicht damit, ein Gift zu produzieren, sie benachrichtigt ihre Artgenossen durch eine chemische Botschaft, die lange geheimnisvoll blieb. Eine als Ethylengas aufgenommene Warnung: Die Antilopen sind da, bereitet eure Toxine vor. Im Wald von Gabun beherbergt ein Bäumchen[45] riesige und gefährliche Ameisen. Sie graben Gänge zum Schaden der Pflanze, die davon jedoch auch profitiert: Beim kleinsten Raubversuch – Fresser sind im Überfluss vorhanden – kommen die Ameisen heraus und attackieren die Angreifer, die bei den ersten Bissen fliehen.

Selten bleibt eine Pflanze isoliert vom Raubsystem (in einem weiten Sinn); sei es, dass sie als Nahrung dient, sich selbst von organischen Abfällen ernährt (Saprophyten) oder Parasit anderer Lebewesen ist. Es ist bemerkenswert festzustellen, dass trotz vielfältigster Formen der Selbstausbeutung der Natur sie niemals das Verschwinden einer Art zur Folge hat, wenigstens nicht aus den genannten Gründen. Im Gegenteil, einige schulden ihre Existenz den Beziehungen zu jenen Lebewesen in ihrer Umgebung, die eigentlich eine Bedrohung, zur gleichen Zeit Schutz bedeuten. Es käme einem Tier nicht in den Sinn, die Nahrung, derer es täglich bedarf, vollständig zu verbrauchen. Sein Leben hängt davon ab. Der Nomadismus der Pflanzenfresser ist unmittelbar an diese Verfahrensweise gebunden.

Die Beispiele von überlebenden Arten, die den Menschen mit der Natur verbinden, sind sehr viel seltener. Ein wesentlicher Teil der kultivierten Pflanzen existiert nicht mehr im wilden Zustand. Einige, die aus schrittweisen Veredelungen hervorgegangen sind, haben niemals so existiert, wie wir sie kennen. Andere haben sich nicht verändert. Der wilde Apfel vom *Malus sylvestris* und der unserer Tische unterscheiden sich in Größe und Geschmack. Das Aussehen bleibt. Die kultivierten Sorten sind zu den botanischen Wurzeln hinzugekommen. Sicherlich hat sich durch die Zahl der neben den Artentypen in Kultur gehaltenen Sorten die Diversität erhöht. Angesichts eines solchen Wachstums an Reichtum könnte man sich beglückwünschen, wenn man nicht alle anderen zerstört hätte, um ein insgesamt ganz begrenztes Ensemble von Handelssorten zu kultivieren. Eine rentable Apfelplantage besteht aus Apfelbäumen und sonst nichts. Die Oberfläche des Bodens, die von jedem möglichen Konkurrenten gesäubert ist, zeigt lediglich eine einsatzfreudige, zähe und quasi tote Erde.

Nicht das Nutzungsprinzip der Diversität steht zur Debatte, sondern vielmehr die Nutzungsart. Wie kann man der Brutalität der sogenannten modernen Techniken eine behutsame, abwechslungsreiche und wirklich moderne Bewirtschaftung entgegensetzen? Man muss das technologische Wissen den ökologischen planetarischen Anforderungen unterwerfen, anstatt es, wie man es derzeit noch in allen reichen Ländern sieht, in den Dienst der allein den Lobbys zukommenden Gewinne zu stellen.

Auch wenn es wünschenswert ist, die Diversität in ihrer Zahl und Eigenheit zu kennen – und wäre es nur, um sie zu bewahren –, ist es vielleicht nicht notwendig, sie in ihrer Gesamtheit zu nutzen. Als Zufluchtsort kann man sich selbst ein Gebiet vorstellen, an dem die Diversität nicht Gegenstand irgendeiner Nutzung wäre. Vielleicht nicht einmal eines Blicks.

Im Jahre 2002 gibt das Centre d'art de Vassivière, das unter der Direktion von Guy Tortosa zum Centre international d'art et du paysage geworden ist, bei mir eine Fotostudie über die Region in Auftrag. Das Ergebnis lässt sich in drei Ausdrücken zusammenfassen: Schatten, Licht und Dritte Landschaft[46]. Das Relief, im Laufe der Zeiten durch Erosion entstandene Wellen, gibt Nah- und Fernsichten frei, die in der Balance von Schatten und Licht immer ihre Tiefe behalten. Sanfte Ergänzungen, unzählige Kühe und einige Gehölzhecken, aus denen zeitlos Eichensolitäre auftauchen, wirken ordnend. Glückliches Gleichgewicht zwischen den bewaldeten Massen und den Weiden, allgemeine Aufteilung der Landschaft des Limousin.

Die so zusammengesetzte Einheit von natürlichem Anblick erweist sich als Kulturlandschaft des Ingenieurs und des Verwalters. Ein ländlicher Raum unter Überwachung, verwaltet vom Landwirt und vom Förster. Bei näherer Betrachtung franst das schön gehaltene Limousin an den Rändern aus. Ob historisch oder neu, eine reale Geringschätzung wirkt sich auf das Gelände aus und macht es reicher. Eine unbekannte Diversität breitet sich im Schatten oder im Licht über den Grundzügen des landwirtschaftlichen Netzes aus: Straßen- und Flussränder, Säume und Raine; aber auch in weiten Lichtungen: Heide und Torfmoore. Obwohl sie ohne Ordnung verstreut sind, ist diesen Flächen gemeinsam, dass sie den Zufluchtsort für Arten bilden, die durch die menschliche Bewirtschaftung der Wälder und Weiden vertrieben wurden. Dritte Landschaft nenne ich die Gesamtheit der brachliegenden Flächen eines Gebiets, deren augenscheinliche – und von jetzt an: notwendige – Funktion es ist, die Arten aufzunehmen, die anderswo keinen Platz finden.

Kann man den Ausdruck mit einem richtigen Konzept gleichsetzen? Für mich handelt es sich um eine Vereinfachung der Analyse. An dritter Stelle ins Blickfeld gekommen und als Konsequenz der Existenz der ersten beiden wahrgenommen – sie beherrschen die Lage –, scheint es offenbar zu sein, ihr ein gleichwertiges und sogar höheres Gewicht einzuräumen, weil es sich um die einzig verfügbare biologische Reserve handelt, um einen genetischer *Pool*, das Territorium der Zukunft.

Durch seine Definition als unentschiedenes Fragment des Planetarischen Gartens findet der Begriff Dritte Landschaft Anwendung auf die gesamte Fläche der zum Vorschein kommenden Böden. Sie besteht aus der Summe der urbanen oder ländlichen brach liegenden Flächen sowie landwirtschaftlichen, industriellen oder touristischen Brachen, aber auch aus der Gesamtheit der Räume, für die es in der Vergangenheit keine Verwaltungsentscheidungen gab: Primärwälder, hohe Gipfel, Naturschutzgebiete, heilige Orte etc. Faktisch betreffen Schatten und Licht das Dichte und Gebaute im Vergleich zum Leeren und Nichtgebauten.

Wenn der Garten in Bewegung ein Verwaltungsprinzip definiert, das buchstäblich auf den Garten angewandt wird und sogar aus ihm hervorgegangen ist, erscheinen der Planetarische Garten und die Dritte Landschaft als Verwaltungsprinzipien politischer Ordnung, die noch vor dem Individuum der Gemeinschaft unterworfen sind. Selbst wenn das Individuum seinen Alltag in Bezug auf diese Prinzipien organisieren kann. Alles in allem gründet die Gesamtheit dieser Stellungnahmen in der Beobachtung und dem Respekt vor dem Lebendigen. Die Projekte, für die ich die Verantwortung trage, sind nicht notwendig von derselben Geisteshaltung geleitet. Man kann die Ideen, mit Bedacht gezogene Achsen mit Wirkungskraft, nicht Konzepten gleichsetzen, da Letztere Allgemeinheit beanspruchen. Eher Intuitionen, Eindrücken und Analysen: Denkwerkzeuge, Gegenstände von höchster Nützlichkeit, um die Arbeitsmethode des Projekts zu bestimmen, um einen ersten Entwurf zu skizzieren.

Die Idee rührt von einer Begegnung mit der Landschaft her. Ihr ist sie auf innige Weise verbunden, und nur durch diese Vertrautheit rechtfertigt sie sich. Anderenfalls könnte sie zu irgendeinem Ort des Gebiets passen. Eine Idee wird von dem Moment an schlecht, wenn sie der territorialen Besonderheit nicht mehr verbunden ist. Eine gute Idee ist das Gegenteil des Konzeptes, das alle mentalen und physischen Räume braucht, um sich zu entwickeln.

In den Werkstätten der École du Paysage de Versailles bemühe ich mich um eine Didaktik, welche die konzeptionelle Dimension des Gebiets vermittelt. Ich insistiere auf einer noch weitgehend unerforschten Frage: Inwieweit erscheint der unvermeidliche Gegenstand unserer Studien, das Lebendige auf jedem Gebiet, nicht als einfache Aussage, sondern als das eigentliche Thema unserer Arbeit, an dem wir nicht vorbeigehen können?

6
UNTERRICHT

Das Lebendige: die Gesamtheit der transformationsfähigen Lebewesen von der Bakterie bis zum Menschen, eine Einheit, die in einem lockeren oder engen Beziehungsknoten verschlungen ist und in einer immer wieder erneuerten Dynamik jeden Teil an das Ganze bindet.

Außerhalb der Stadt, am Rande der Felder, nimmt die Fachschule etwa hundert Schüler auf. Draußen, in den trockenen Wäldern im Norden, verschanzt sich die Revolte der Sandinisten, aber ein Kern leistet in Jinotega und in den Kordilleren Widerstand. Somoza, der ehemalige Polizeichef der Nationalgarde, unterwirft das Land und beutet es aus. Das ausgeblutete Nicaragua versucht zu überleben. Aufgrund früherer Kooperationsabkommen zwischen Frankreich und den lateinamerikanischen Ländern nehme ich die Position des technischen Assessors an der landwirtschaftlichen Fachschule in Matagalpa ein. Niemand hat mir je die Rolle des Assessors erklärt. Dennoch kann ich versichern, sie zwei Jahre lang gewissenhaft ausgeübt zu haben. Es war mein erstes Unterrichtsexperiment.

Durch eine Laune der Geschichte experimentiere ich seitdem – in Teilzeit zuerst, punktuell, dann immer stetiger – mit der Tätigkeit des Lehrers. Zunächst, um den Institutionsmängeln abzuhelfen, dann, im Laufe der Jahre – ohne dass es möglich ist zu sagen, ab wann genau –, um das auszuarbeiten, was man für eine Botschaft hält, wenn sich die Erfahrung einstellt.

Die Gründe zu unterrichten sind dem Wunsch nach Wissen verwandt und später mit dem gebieterischen Wunsch, die Bruchstücke mitzuteilen. Das reicht aber nicht aus, um zu erklären, was einen Lehrenden in der Abhängigkeit des Unterrichteten hält.

Etwas Höheres, geschöpft aus dem irrationalen Grund des Menschen und zweifellos sehr alt, drängt uns zu vermitteln und mit Dringlichkeit zu sprechen, als ob nichts Wichtigeres, nicht einmal die Ernährung des Körpers, die Unruhe besser besänftigen könnte, welche doch, was man auch tut, allein durch die einfache Tatsache verursacht wird, am Leben zu sein. Dieser in tausend alltägliche Formen geteilte Trieb bringt die entwaffneten Menschen zusammen. Die Umstände, die Geschichte oder einfach die Stunde des Tages weisen einmal auf den Erwachsenen hin, den man klug nennt, ein anderes Mal auf das aufmerksame Kind. Alterslose Rollen. Einer weiß etwas, das der andere nicht weiß. Der unterrichtete Lehrer unterrichtet aufs Neue. Er erforscht das Herz des Unwissens, sein eigenes und das der anderen, er hört zu und beginnt von Neuem. Das Gebäude des Wissens entspricht nicht einer von Meistern und Weisen vollendeten Pyramide, sondern einem Entwurf des Kosmos, in dem die Teilchen sich durch ihre Reibungen bereichern. Die verstreuten

Energien versammeln sich, entfernen sich, bringen sich in unentwirrbaren Zauberbüchern durcheinander, hellen sich in ihren eigenen Spiegeln auf, täuschen sich im Weg und erheben sich eine Zeit lang über den Horizont. Die Illusion des Wissens verleiht dem Wissen von tausend Kenntnissen allseits einen Heiligenschein. Das Wissen wäre nichts ohne Glauben. Ohne Unruhe.

Die Hoffnung entsteht aus diesem Zaudern zwischen den Gewissheiten und den Fragen.

Diese Sache, von der wir sprechen, entstammt immer dem anderem, dem Blick des anderen auf uns. Sie arbeitet im Schatten eines jeden und verwandelt sich. Von Mensch zu Mensch, von Generation zu Generation erfindet die laufend erarbeitete Botschaft ihr Vokabular und produziert ihre Schlacken am Grunde der Wörterbücher. Die heutigen Wörter sind nicht die von ehedem. Ich glaube an das Erbe des Denkens als eine der menschlichen Gattung eigene biologische Grundlage. Evolution.

Ein weiterer Grund zu unterrichten sind die affektiven Ladungen, elektrische Gespenster, von denen wir nichts wissen, verstreut in der Atmosphäre eines Unterrichtsraums, einer Werkstatt oder eines Hörsaals. Unsichtbare, gewaltige Fesseln. Kurze Verbindungen, ausgedehnter Austausch, Imponiergehabe und Gleichgültigkeit: Sich dem zu entziehen läuft darauf hinaus, die fragilen Brücken, die uns verbinden, zu zerbrechen, die Kommunikationschancen unwiderruflich zu gefährden und diejenigen in Verwirrung und Schweigen zu treiben, die lautstark von einer oder einer anderen Materie sprechen.

In Matagalpa kannte ich schließlich die Spitznamen

meiner Schüler. Für mich war die Benutzung der *Apodos* nichts Seltsames: den anderen mit einer besseren Kleidung ausstatten, ihn als einen unfehlbaren Charakter identifizieren, ohne ihn deshalb dort festzulegen, ihn aus Spaß bis zum Verschleiß, ja, bis zur Verletzung nennen, den Familiennamen übergehen, um daraus einen Decknamen, den eines Ritters oder gemeinen Mannes, zu machen: Ritterschlag, Spottnamen aus Kampagnen oder vertrauliche Beleidigungen, das kommt darauf an.

Am Ende der zwei Jahre hatte ich eine genaue Liste. Vor mir in alphabetischer Reihenfolge jeder Name, der zufällig gesammelte und wohl gehütete *Apodo*: Wie macht man von einem so schweren Tribut Gebrauch? Im Namen welcher Vertrautheit hätte ich mich der zärtlichen und grausamen, beinahe immer berechtigten Bilder bedienen können, die von einem Clan erfunden waren, zu dem ich *per definitionem* nicht gehören konnte? Welche unsichtbare Barriere richtete sich ständig auf zwischen dem, der das Wort nennt, und demjenigen, der es empfängt? Haben die Fährleute, die wir Lehrer sind, eine Schweigepflicht aus Wachsamkeit? Auf welchem gespannten Faden müssen wir das Gleichgewicht bewahren? Wie kann man etwas in Abgeschiedenheit halten, wenn die Türen sich über dem Unwetter, dem Gelächter und der Ermüdung mit weiten Flügeln öffnen? Über den Einladungen?

Wie kann man sich von der Gabe derer befreien, denen man zu geben glaubt? Langsam wuchs in mir ein vorher beschädigtes Bewusstsein, das alles alte Wissen durcheinanderbrachte. Zusammenbruch der Gewissheiten. Später empfand ich diesen Widerspruch: Wissen vermitteln zu können, während ich lernte, ihm zu misstrauen.

In einer unvorhersehbaren, aber dennoch direkten Art schuldet der Garten in Bewegung seine Existenz dem anderswo erkannten Ungewissheitsprinzip: der Welt der Menschen in Bewegung. Kein Zustand wird dort als endgültig betrachtet, alles geschieht unter der Bedingung, sich in jedem Augenblick wandeln zu können. Leicht, ohne übermäßigen Verbrauch an Zeit und Mitteln. Die Energie am Ort ist als wesentlich betrachtet worden, beinahe als heilig. Alle entgegengesetzte Energie läuft Gefahr, die natürlichen Dynamiken zu vernichten, ohne deshalb den Erfolg der künstlich eingerichteten Dynamiken zu gewährleisten. Die Versuche zu herrschen führen zur Erstarrung des Raumes (der Art), banalisieren den Garten (banalisieren den Menschen) und verwandeln ihn in ein Muster. Die nachbildbare Form des Gebiets – schmückende und kostspielige Annehmlichkeit – entfernt sich umso mehr vom Garten in Bewegung, als sie zu mehr aktiver Mitbeteiligung anregt. Hinweise, die in den Unterricht übernommen werden können. Möchte man einen ENA[47]-Roboter oder einen denkenden Künstler?

Die dem Lebendigen geschuldete Achtung sollte sich nicht in die Natur auf der einen Seite und die Menschheit auf der anderen teilen. Es handelt sich um ein untrennbares Ganzes, das denselben Gesetzen der Evolution unterworfen ist. Derselben Fragilität.

Am Vortag meiner Abreise führe ich in der landwirtschaftlichen Fachschule von Matagalpa den obligatorischen Appell durch. Wie jeden Montag. An diesem Tag hatte ich beschlossen, das Universum der Schüler auf gleicher Ebene zu betreten; nicht um sie einer illusorischen Gleichheit zwischen uns zu versichern, sondern um ihnen begreiflich zu machen, dass der Unterschied zwischen dem Lehrer und dem Schüler abhängig ist vom Augenblick, vom Blick und vielleicht nur von einer Entscheidung. Ich nahm die Liste der Spitznamen.

Beim Aufruf des ersten: Fassungslosigkeit. Ich fühlte freudiges Erstaunen, Irritation und beinahe Angst. Beim zweiten gab es ein Beben, als ob eine Welle die Reihen erreichte. Ich hielt meine Augen gesenkt. Sie hatten verstanden. Unbeschreibliches Glück, vermischt mit Verwirrung. Es ist mir unmöglich, das Stimmengewirr, das Lachen, das Geräusch der Stühle und die Unordnung, die von der öffentlichen Enthüllung und der Teilnahme an einem Spiel ausging, aus meinem Gedächtnis zu löschen.

Am Ende der Liste wälzte sich die Ferienklasse unter den Tischen. Ich sehe immer noch das Buschmesser von Matiguas, das auf dem Schreibtisch neben den Kreiden lag, Evelios Revolver abseits der Turbulenzen – um einen Unfall zu vermeiden (nahezu alle kamen bewaffnet) – und das Erscheinen des verunsicherten Direktors, der vor so viel heimlichem Einvernehmen gezwungen war, den Rückzug anzutreten. Ich betrachtete das liebenswerte Desaster erneut, die Entblößung des Wissens, das plötzlich ohne Bedeutung war. Und dann diese Musik als Litanei, unerschöpfliche Bilder wurden Freunde: *Peor* (Schlimmster), *Loco* (Verrückter), *Vaca Holting* (Kuh Holting), *Cara pelada* (Schälgesicht), *Semáforo* (Ampel), *Paludismo* (Malaria), *Psicodélico* (Psychedeliker), *Piruli tartamudo* (Stotterlutscher), *Frentemono*

(Affenstirn), *Timido* (Angsthase), *Siete pisos* (Siebenstockwerke), *Bayardo* (Bayardo), *Pelo de vaca* (Kuhhaar).

Der Unterricht ist nicht das Wesentliche meiner Tätigkeit, sondern das Wesentliche meiner Sorge. Wie kann man eine Didaktik ausarbeiten? Ist das nötig? Kann man sich zu einer Methode zwingen, ohne Gefahr zu laufen, dass der Unterricht erstarrt?

In Institutionen mit Lehrermangel gerufen, hatte ich mich der Dringlichkeit unterzogen, einen bis dahin nicht vorhandenen oder embryonalen Unterricht aufzubauen. Die Bruchstücke dessen zu erörtern, was man mir beigebracht hatte, erlaubte nicht, die durch den Beruf des Landschaftsarchitekten ausgelösten Fragen anzusprechen. Die professionelle Praxis bot mir die ganze Materie: die Zufälle, die Natur der Auftraggeber und Händler, die Liste der Materialien und vor allem die unglaubliche Artenvielfalt, die das Wesentliche der Probleme löst und neue schafft.

Ich interessiere mich für »die Nutzung der Vegetation bei einem Projekt« und für das Projekt selbst. Die formale Konzeption durfte das Projekt nicht alleine erfüllen. Dennoch war das die allgemeine Haltung an den Hochschulen. Der Einfluss der Bildhauerkunst, die unter dem vereinfachenden Aspekt einzelner Formen betrachtet wurde, trieb die Studenten an, sich mit Bildern zufriedenzugeben. Die Kunst produziert das Imaginäre, bevor sie Bilder produziert. Jedes von ihnen enthält eine Geschichte. Wie soll man sie erforschen und vermitteln?

Aus einem undurchsichtigen Grund, der zweifellos der allmählichen Entfernung zwischen den technischen und den künstlerischen Berufen geschuldet ist, hatte man bald angenommen, dass die Vegetation – reduziert auf eine Liste von Namen – den Konzepteur erst am Ende der »grafischen Präsentation« beschäftigen würde: grünliches Sauerkraut auf den Architekturmodellen, Füllsel in letzter Minute. An der Hochschule von Versailles rührt der schwindelerregende Verlust der Pflanzenkenntnisse der Studenten daher, dass die praktischen Arbeiten dort nicht oder wenig maßgeblich sind. Die Heterogenität der Rekrutierung schafft einen Reichtum, von dem jeder profitiert, aber sie gleicht das Wissen über das Lebendige nach unten an. Dem vom Fachbereich Pflanzenökologie erteilten, sehnlich erwarteten Unterricht gelingt es, die unermesslichen Lücken aufzufüllen und vor allem ein Verständnis der Artenverwendung zu entwickeln.[48] Er kann jedoch keine Ausbildung im ersten Zyklus ersetzen, den die Hochschulen sich weigern zu vermitteln. Die wissenschaftliche Basis der lebendigen Welt – Alphabet oder musikalischer Elementarunterricht, wie man möchte – bleibt ganz oder zumindest fast unbekannt. Daher die Benutzung eng begrenzter und wiederholter Skalen.

Seit geraumer Zeit war ich über den Vorrang der Architektur bei einem Landschaftsprojekt bestürzt. In einer bestimmten Zeit – ich siedle den Höhepunkt dieser Tendenz in den 80er-Jahren an – konnte man sogar meinen, dass es verpönt oder einfach obsolet war, von Pflanzen zu sprechen. Diese an die Arbeiten schicker Damen verwiesene Frage konnte den ungestümen Konzepteur auf der Suche nach Prestige nicht betreffen. Ein Student, der den Namen einer Pflanze nannte, riskierte, als Gärtner behandelt zu werden – eine Art Beleidigung – oder, noch schlimmer, als Florist. Man mokierte sich darüber, dass die englischen Gärten zur Sammlung tendieren, und vergaß, dass selbst die einfachste Artenkomposition in einem *mixed border* Kenntnisse und Können erfordert. Man zitierte Gertrude Jekyll[49], die ihr Talent im Garten entfaltete, seit ihr Augenlicht ihr nicht länger erlaubte, Stickereien anzufertigen. Meistens zitierte man niemanden; vielen Referenzen auf die Materie – von nun an überholt – fehlte es an Kultur. Eine Strömung innerhalb der Professionellen versuchte sogar, sich den Titel des Architekten widerrechtlich anzueignen, indem sie ihn an die eigene Tätigkeit hängte. Den sensiblen und eifersüchtigen richtigen Architekten ist es zu verdanken, dass das Metier des Landschaftsarchitekten vor einer nutzlosen und anmaßenden Verwirrung bewahrt wurde: Sie haben offizielle Wege beschritten, damit der ihnen zukommende Titel nicht andere Berufe hinterlistig aufwertet.

Für den Gärtner stellt sich die Frage nicht. Diesen Titel beansprucht niemand. Das ist das Syndrom einer Gesellschaft, die das Ausmaß ihrer Überlegenheit an der Ausbreitung der Kopfarbeit erkennt, während die Handarbeit auf der Werteskala unten bleibt. Ein ungünstiger Zusammenhang für das Erlernen der Arten, für die Beobachtung ihres Verhaltens und für die Antizipation eines Umgangs, der sich aus diesen Kenntnissen ableitet.[50] Das Projekt gelingt nur, wenn man in der Zeit zurückgeht wie der Gärtner auf sein Gelände, die Erfindungen der Natur und die Entwicklung ihrer Samen beobachtet und diese Energie ausrichtet, umlenkt oder damit zufrieden ist. Der Garten ist ein Observatorium der Zeit. Seinem Maßstab entsprechend, beobachtet der Landschaftsarchitekt die Veränderungen der Landschaft. Daraus zieht er das Argument für ihre künftige Entwicklung. Aber er kann nicht ernsthaft ausführlich werden, ohne die grundlegenden Indikatoren einer Transformation einzubeziehen, die beinahe immer dem Bereich des Lebendigen angehört. Kompass und Lineal vernachlässigend, misst er die Unterschiede am Erscheinen oder Verschwinden der das Milieu kennzeichnenden Arten. Ein durchdachter Katalog der Bio-Indikatoren ist zweifellos ein ernsthaftes Werkzeug einer Standortanalyse. Hinter den Landschaftsformen steckt das Leben. In die Formen einzugreifen, ohne sich um die grundlegenden Ursachen ihrer Existenz zu kümmern, bedeutet, die Form und deren Ursache in Gefahr zu bringen.

In seiner Begeisterung, die Standorte zu entschlüsseln, drang der kürzlich verstorbene Guillaume Geoffroy-Dechaume zum Geheimsten der Landschaft vor.[51] Eines ihrer Fragmente lesend, beschrieb er den Boden, die Luft und das Wasser sowie die ruhige oder bewegte Vergangenheit eines Ortes. Flora und Fauna erzählen davon. Es genügt, sich zu bücken. Guillaume konnte sich bücken. Zweifellos war er einer der wenigen Landschaftsarchitekten, die in ihrer Tasche eine Lupe hatten und Gebrauch davon machten, um selbst zu staunen, bevor er andere zum Staunen brachte. Wenn wir zusammen waren, teilten wir den Wunsch zu verstehen und Fragen zu stellen. Ein Feld mit blühenden Blumen, welch besseres Geschenk gäbe es? Es gibt noch so viele Fragen.

Einige Menschen tragen die Landschaft in einer Art in sich, die man »natürlich« nennen könnte. Man braucht bei diesem Adjektiv, das der spontanen Sprache entliehen ist, die Anführungszeichen: Tatsächlich ist in jedermanns *kulturellem* Wortschatz nichts stärker verankert als der Rahmen, in dem der Blick erwacht. Von diesem Richtmaß aus definiert sich die Landschaft in ihrer Einheit. Ich spreche von denjenigen, die aufgrund ihrer *natürlichen* Sensibilität seit frühester Jugend die geringsten Veränderungen des Lebensrahmens klug interpretieren. Für die alles Zeichen ist, die Hitze der Luft, die Schnelligkeit des Wassers, die Höhe eines Baumes, das herrschende Wetter ... Ohne es zu wollen, verfassen sie die Geschichte der Landschaft. Man braucht sie nur zum Sprechen zu bringen und ihnen zuzuhören. Zu Recht schreiben einige von ihnen Texte. Bei ihrer Lektüre versteht man, dass der Bau einer Autobahn oder das Erscheinen einer exogenen Pflanze an den Straßenrändern – offensichtlich Indizien von ungleichem Wert – die Gesamtsituation mit großer Macht ändern und das Gedächtnis mit Hoffnung oder Sorge belasten, manchmal beides. Wenn ein Garten ein Observatorium der Zeit ist, ist der Landschaftsarchitekt unweigerlich ein Beobachter.

Mindestens zwei erhellende Arbeiten fallen mir von diesen Beobachtern ein. Beide aus der Feder von Lehrenden. *Village-visage* (*Das Gesicht eines Dorfes*) von Jean Chatelut erklärt die Veränderungen eines Dorfes, dessen aufmerksamer Bürgermeister er war.[52] *Quand on avait tant de racines* (*Als man so viele Wurzeln hatte*) von Adrienne Cazeilles beschreibt die Evolution ihrer ganzen Region, des Roussillon, über ein halbes Jahrhundert.[53] Ich bin den Autoren begegnet und vor allem den Menschen. Ich unterhalte einen ständigen

Dialog mit ihnen, um Positionen zu beziehen, sich zu engagieren in Bezug auf die Zerstückelung des öffentlichen Raums, seine Beschädigung und seine Verwüstung oder seltener, seine Entfaltung. Beständigkeit, gesunder Menschenverstand und Klarheit des Blicks charakterisieren diese Menschen. Saint-Benoît du Sault südlich des Indre und Thuir im Roussillon: zwei Regionen, zwei Analysen, eine Tatsache: Als soziale Errungenschaft ist die Landschaft aus einem Verwaltungsbeschluss hervorgegangen und daher politisch. Zu keiner Zeit heißt es, dass man die Bestrebungen einer Region allein aufgrund der Beobachtung ihres Erhaltungszustandes zutage bringen könne – gefährliche Vereinfachung der Lektüre –, aber es kann keine, wenn auch nur temporäre, landschaftliche Lösung geben ohne die entscheidungstragende Macht.

Wer auch immer die Landschaftsfrage anschneidet, eröffnet eine politische Debatte.

Wer auch immer die Landschaftsfrage unterrichtet, sieht sich genötigt, Stellung zu beziehen.

Das Schlagwort, das 68 auf der Tafel geschrieben stand – der Baum ist Kapitalist –, findet keine Antwort. Das liegt an der Formulierung des Schreis. Aber in seiner Kraft fordert der Schrei auf heftige Weise, den Baum differenziert zu betrachteten. Zu den Eigenschaften Zierde, biologisches Lebewesen und architektonisches Element kommt das soziale Symbol hinzu. Man muss sich nur noch verständigen. Handelt es sich um Ansehen oder um Einkommen? Die vermarktbare und patentierbare Natur könnte in ihrem Kern als Gegenstand des Profits betrachtet werden. Als Lehrende stellen wir manchmal den verdinglichten Baum vor, den

Handelsgegenstand. Aber wir bevorzugen das lebendige Lebewesen, mit dem wir den Boden, das Licht, die Luft und das Wasser teilen. Die Hoffnung.

7
SIGNATUR

»Tut was, man ist dabei, euren Garten zu zerstören!« Alarmierende Botschaft eines durch den Lärm aufmerksam gewordenen Journalisten.

Ich war schon ausreichend alarmiert durch den Planungseifer einer Gemeinde, die wenig sparsam mit ihren eigenen »Verbesserungen« war: Landstraßen, Wege und Parkplätze. Bescheidene Ausbauten, ohne nennenswerten Effekt für einen Beobachter auf der Durchreise, umso mehr für den Einwohner.

Ein Weg, der sich genau am Garten entlang erstreckt. Welcher aufwendige Eingriff würde die Zerstörung meines eigenen Gartens zur Folge haben? Vom Fenster aus, wo der Blick im Westen die Grenzen des Grundstücks erreicht, habe ich nichts kommen sehen. Hinterlistige böse Absicht? Tödliche Wolke? Unsichtbare Chemie, rascher als die Düngemittel, welche die Kulturen rundherum kaputt gemacht haben? Ein Rest davon erreicht zwangsläufig die tiefen Hänge des Tals. Warum dieser plötzliche Angriff?

Paranoia. Entgleisung des Geistes. Rasende Bilder. Ein paar Sekunden genügen, um sich das Schlimmste auszumalen. Mein Informant besteht darauf: »Man muss was tun, die Bulldozer sind da. Sie reißen alles heraus.«

Am Horizont keine Maschine, nicht einmal ein Motorengeräusch. Es geht nicht um meinen Garten, aber um einen derer, die mir überlassen sind, weil ich ihr »Konzepteur« bin. Überlassen und beinahe geschenkt, als ob der Eingriff in das Grundstück, die Gestaltung, den Status des Bodens bis zu seiner Zugehörigkeit hin verändert. Ein neuer Abgeordneter, der Bürgermeister des Dorfes, in dem man einen Garten schleift, teilt die Ansichten seines Vorgängers über die Anlage öffentlicher Räume nicht. Das ist sein Recht. Das Grundstück ist sein Eigentum.

Der Garten verschwand. Wie viele andere auch. Aus welchem Grund verschwanden Gärten nicht? Anonyme oder signierte Kunstgriffe, auf dem Grundstück verstreut. Meisterwerke, Kunstwerke, mittelmäßige Anlagen, einfache Bequemlichkeiten. Ur und Babel, Thebens Gärten und Machu Picchus Terrassen, das Waschhaus von Gometz-le-Châtel und der Bahnhof von Perpignan: Steinhäufchen, die der Erosion unterworfen sind.

Jedes Bauwerk trägt seine eigene Ruine in sich. Das solide und aus toten Materialien hergestellte sichtbare Werk hat gegenüber den Angriffen der Zeit (oder der Bulldozer) keine andere Lösung, als zu weichen. Wenn es jedoch unauffällig, organisch und aus »Lebendigem« gebildet ist, hat es Aussichten, sich zu verwandeln, ohne zur Ruine zu werden. Zu diesen Werken gehört der Garten. Unter der Bedingung, dass der Gärtner an diesem Ort nicht Architekt gespielt hat.

Die Maschinen haben den Garten geschliffen, es ist nichts übrig geblieben. Die Strukturen sind verschwunden. Ich hatte sie als leichte in Erinnerung. Das Grundstück bleibt. Abgesehen von einem Hausbau (was nicht vorgesehen ist), ist das Schlimmste, was kommen kann – für mich das Beste –, eine Brache, ein Artenspeicher. Es ist nicht *mein* Garten, aber es ist nicht nichts. Gewiss keine Ruine. Nur eine Landschaft im Entstehen.

Der Journalist würde sagen, »die Signatur ist verschwunden«. Ich sage, »der Garten hat sich verändert«. Nicht aufgrund übermäßiger Bescheidenheit gegenüber dem Werk, sondern weil ich weiß, dass bei der Gartenmaterie der Autor in Gestalt einer identifizierbaren Person und in aller Augen als »Künstler« ausgemacht, ausnahmslos nicht alleine existiert. Ein einziger Name stellt die Mediatoren des Projekts zufrieden, selbst wenn die Realität in nichts dieser Zuschreibung entspricht. Die Assistenten jeder Mannschaft arbeiten an zahlreichen konzeptuellen Aspekten. An Details oder an großen Linien, etwa während der empfindlichen Phase, in der die Ideen vor Ort »ausgepolstert« werden. Manchmal bis zur Revision und Neuausrichtung des Gesamtkonzepts. Wer kümmert sich darum, sie zu nennen?[54] Warum befolgt man die Regeln der Mannschaftsarbeit nicht? Wie kommt es, dass der Nachspann – weniger lang als bei jeder beliebigen künstlerischen Produktion – niemals in den Presseartikeln erscheint? Für die Grande Ouche, einen Garten von bescheidener Dimension, der durch die Planierraupe verschwand, haben wir die Raumgestaltung zu zweit entworfen und organisiert. Thierry Jourd'heuil, mein Mannschaftskollege, wurde über die Zerstörungsaktion nicht verständigt. Zweifellos bedachte man nicht, dass dieser Garten auch sein Werk sein könnte.

Die Konzeptionsbüros kennen den Gruppenmechanismus. Die gerne ungeschickt hingekritzelte Anfangsidee – künstlerische Affektiertheit der Stars – muss wieder aufgenommen und angepasst werden. Manchmal neu entwickelt werden. Jeder entwickelt entsprechend seinen Fähigkeiten eine Idee, arbeitet an ihrer Bereicherung, ihrer Abänderung oder ihrem Präzisionsniveau. Die Architekten und Designer können der Ansicht sein, dass am Ende der Arbeitsstaffel ein Objekt (»das Werk«) zutage tritt, dessen stabile Formen entsprechend der gelieferten Zeichnung dauerhaft zu lesen sind. Die massiven Bauten widerstehen der Zeit, wenigstens eine gewisse Zeit. Der Garten widersteht nicht. Er geht mit.

Kaum angelegt, entwickelt er sich. Die gezeichneten Formen werden erkennbar. Aber die Zeit arbeitet daran, die Zeichnung wegzuwischen. Sie vereitelt kluge Spekulationen und schöne Vorwegnahmen. Sie verwandelt die Gewissheiten in tägliche Fragen und die Kenntnisse in einen Haufen in seiner akademischen Logik unverbundenen Wissens. Tot. Durcheinandergebracht durch Aktualisierungen. Unabdingbar und lächerlich.

Genau und richtig dagegen: Der Gärtner beschreibt die vermuteten Arten, welche die Fläche einnehmen und ihm ein Gesicht geben. Er wiederholt sie so oft wie nötig. Er setzt sie ein und beobachtet sie. Mit ihnen allein kann er nicht auf einen Garten hoffen, nur auf eine Geometrie. Auch muss er die empfindlichen, vagabundierenden, verschiedenartigen und üppigen krautigen Pflanzen akzeptieren. Akzeptieren, sie verschwinden oder sesshaft werden zu sehen. Er muss das Grundstück anlegen und die Landschaft so prägen, dass sie schließlich signiert ist. Er muss ihr eine zusätzliche

Identität geben. Könnte sie das artifizielle Gerüst der gepflanzten Vegetation verwischen?

Die Arbeit der Mannschaft und die Arbeit der Zeit vervielfältigen die Gelegenheiten zum »Teilen«. Als Erbe des Projekts arrangiert der Gärtner sich mit der Zeit, so gut er kann. Er bringt Abwechslung in die Praktiken und Formen. Manchmal vereinfacht er sie. Es wäre naiv zu glauben, dass er auf dem Gelände keine Spuren hinterlässt, und vielleicht falsch, ihn daran zu hindern.

Die drei großen Gründe für das Teilen: Die Verwässerung der Konzeption, der Einfluss der Natur und die Interpretation des Gärtners arbeiten an einer konstanten Evolution der vermuteten Formen, welche die Idee darstellen sollen.

Er gibt einige Mittel, mit denen man versuchen kann, das Bild langfristig zu erhalten. Das älteste erprobte: die Formen so hart machen, dass sie der Baukunst ähneln. Von der pompejanischen Säulenhalle zu den großen klassischen Gärten fehlt es nicht an Beispielen. In diesem Fall festigt sich die Dauerhaftigkeit des Werks durch die beharrliche Aktualisierung des Plans auf dem Grundstück. Der Plan: ein beruhigendes Werkzeug. Die Parteigänger der historischen Rekonstruktion beziehen sich darauf. Die Hand auf die Archive gelegt wie auf die Bibel, schwören sie Strenge und Treue.

Andere, zeitgenössischere Methoden verdanken sich juristischen Kniffen von der anderen Seite des Atlantiks: das Werk, das unveräußerliche Produkt des Künstlers, schützen. Der als Kunstwerk betrachtete Garten, der als solcher im unergründlichen Gedächtnis des für diesen Effekt vorgesehenen Fonds registriert ist, kann die

Veränderung ohne Erlaubnis seines Autors nicht dulden. So funktionieren die »Jardins de l'imaginaire« in Terrasson in der Dordogne. Ihre Autorin Kathryn Gustafson verlangt diesen Vertrag des Landschaftskünstlers.

Der Garten zieht die Künstler an. Der Themenumfang, die unendlichen Möglichkeiten der Umsetzung, die zu den Beziehungen des Menschen zur Natur erhobenen Fragen, alles trägt dazu bei, denjenigen zu begeistern, der versucht, einen neuen Blick auf die Welt zu werfen. Einige Künstler täuschen sich nicht über die Fragilität einer Szenografie, die aus Lebendigem gemacht ist. Die Schimmelpilze von Michel Blazy und die motorische Verdunstung von Jean-Luc Brisson sind Eingriffe, bei denen das Ergebnis, dessen Form oder Aussehen man nicht voraussehen kann, den Umweltinitiativen überlassen ist. Eingriffe, bei denen die Zeit des Ergebnisses – im Bild eines Gartens – nicht vorher festgesetzt ist. Wer kann sagen, in welchem Augenblick der Garten vollendet ist? Wer kann die Volljährigkeit eines Gartens angeben? Diese Vorstellungen gehören zum Verzeichnis der von A bis Z beherrschten Werke wie z. B. eine Skulptur. Wenn der Garten eine Skulptur wäre – auf einige bezieht man sich in dieser Weise, aber handelt es sich noch um Gärten? –, müsste man jeden Tag dorthin zurückkommen und dürfte an der Vergeblichkeit dieser Praxis niemals verzweifeln.

Als Territorium der Ungewissheit – unserer eigenen Ungewissheit – verwandelt der Garten unsere lächerlichen Gesten in heilige Augenblicke. Wäre dieser Garten nun in Bewegung, vervielfachten sich diese seltenen Augenblicke, die wir brauchen. Staunen über so viel Richtigkeit in der Stellung eines Astes, den man entdeckt. Er hängt dort seit langer Zeit und enthüllt eine Perspektive oder verdeckt sie auf unerwartete Art. Plötzlich entdeckt man die Feinheit des silbernen Blattwerks gegen ein unfassbares Blau, eine im zu harten Grün des gewöhnlichen Grases vergessene Akelei.[55] Man muss die Lungenkraut-Pflanze bestimmen, ihre Variante. Die Sternmieren-Matte reicht bis zum Unterholz und bedeckt die Alpenveilchenknollen. Unsichtbares Laub zu dieser Jahreszeit. Wo sind sie jetzt verstreut? Den Herbst abwarten. Die Ameisen transportieren ihre winzigen Samenkörner. Sie laufen überall herum. Ich glaube, bis zum Ende der Böschung. Der Schlehdorn in der Hecke lässt sich scheren wie ein Schaf. Daher hat er seine Form. Zu hoch, würde er den Feigenbaum hinten im Gemüsegarten verdecken. Ohne Feige stünde er besser am sonnigen Hang. Die Lotusblume hat nur eine Blüte gehabt, die Schwimmkäfer lassen kein Froschlaich im Wasserbecken, sie sind Mörder. Ist es nötig, das Hirtentäschelkraut zu entfernen? Eine einjährige Wolfsmilch gewinnt zusammen mit der Kreuzblättrigen an Terrain. Und die Sonnwend und schließlich die Mandelblättrige am Rand des Gartens. Heute Morgen werde ich dort um die Sedums herum jäten, der Lerchensporn verheddert sich im Salbei, er sucht das Licht, im Juni wird er trocknen, man wird später sehen. Das Rispengras unterbricht die Reihe des Orangeroten Habichtskrauts, es durchdringt den Blauschwingel und den Blaustrahlhafer. Wenn man neben der Nieswurz ein bisschen die Erde aufkratzt, könnten ein oder zwei Samenkörner bald keimen, sie vertragen das Warten nicht. Der Frauenmantel beherrscht einen guten Quadratmeter unter dem Marokkanischen Ginster, und die silbrigweiße Baumheide leidet im Schatten, ein Zitronenduft steigt aus der Erde auf, ich musste ein Rhizom des Storchschnabels kappen, der Maulwurf hat die Gladiolenknollen hochgehoben, ganz kleine, wilde, rosafarbene und feine, wie sie auf den nordafrikanischen Brachen und den Hängen über Nizza auftauchen. Er geht zu weit. Hier könnte ich Kapuzinerkresse über den Knoblauchzwiebeln säen. Wo habe ich den Knoblauch gepflanzt? Die Mäuse fressen die Tulpen, ich wusste es. Eine Hoffnung bleibt: Eine Art wird sie eines schönen Tages davon abbringen oder sie werden ihrer überdrüssig. Diese Eiche dort hinten wird das Holz für den Winter liefern, sie verschließt das Tal und frisst das Licht. Die Amseln haben die Heidelbeeren gepflückt. Eine Nelkenpflanze aus Szechuan, die man mir gebracht hat, vor dem ovalen Loch wie eine flache Grotte? Das nähme den Smaragdeidechsen die Sonne, vielleicht besser links von der Säckelblume, in Gesellschaft der Nozomi-Rosensträucher, die sichtbar kümmern. Konkurrenz des Bambus, einer Gruppe von zehn riesigen Stängeln, von denen mindestens drei gute Stützen für Tomaten würden. Die alten Edelkastanien, nur noch Stangen, verlieren ihre Köpfe und halten stand, aber ihre Zahl nimmt von Jahr zu Jahr ab, man sollte sie als Trockenholz ansehen und, ohne zu überlegen, verbrennen oder sie als Hebel benutzen, um einen Stein zu heben, oder nichts tun und sie im Wald verlieren. Der Apfelbaum erneuert sich auf dem liegenden Stamm, die schlecht bewässerte Spitze abschneiden. Eine Stütze für die Parrotie planen. Sie versperrt den Weg hinunter. Das bedrängte Milzkraut von der Taubnessel und dem Schwaden freimachen, es ist feucht, den Kaninchenzaun auf dem Buchenbalken befestigen, die Brombeersträucher entfernen, außer in der Hecke. Die unpassende Scheinbeere am Rand des Baches herumführen. Dort nistet ein Zaunkönig, da kann ich nichts machen. Die Blätter des Mammutblatts, zu schwer. Der Baumstumpf bricht, man macht kleine daraus. Der Kalifornische Mohn keimt in der Allee – Allee, das ist ein großes Wort … –, wie die Mohrrüben, die Petersilie und die anderen feinen Samen, sie lieben angedrückten und durchlässigen Boden, das Wasser hält nicht, es verschwindet, man weiß nicht wo. Man weiß nicht, wo das Wasser verschwindet, es transportiert (davon bin ich überzeugt) den wenigen Dünger der holländischen Kühe (warum?), kleine gepresste Kügelchen ohne übermäßigen Geruch; zum Auflösen an jede Pflanze gelegt, können sie besser verzehrt werden. Plätzchen. Es fehlt eine Abflussrinne quer über den Weg. Einige Kieselsteine verladen, die Regenrinne der Remise umlenken, sie fließt verkehrt herum, ich werde Nelly Moser über dem roten Hartriegel nicht beschneiden, ihre zu großen Blüten beschämen mich ein wenig. Hoch und verstreut platziert, wird man sie erahnen. Die kugelförmige Immergrüne ähnelt schließlich einem richtigen Busch, ich werde sie nicht mehr beschneiden, die Passionsblume hat in der Hitze fünf Blüten bekommen, die Glyzinie keine, sie schmollt.

Im Sommer eine weitere Terrasse im Schatten? Den Kompostplatz ändern, das ist keine große Sache, neben dem gerade ausgerichteten Holzhaufen. Eine Hütte für die Holzscheite anstatt dieser Plane. Auf der Wiese ein Schutzdach, um die Sonne zu filtern. Auf den Feldrücken, der Erhöhung, wohin die Rehe kommen, einen

Sitz oder ein Feldbett stellen und sitzend oder ausgestreckt die Aufeinanderfolge der Blumen beobachten und die winzigen Insekten, kleine Wolken, Luftfahrzeuge, zaudernde Schmetterlinge und schnelle Wespen; in der Ferne die Vögel, Raben wie immer, Würger hinter der Hecke; manchmal ein Bussard und sein Ruf, manchmal ein Milan, niemals zusammen. Die Eichen schließen das Feld im Süden ab. Geahnter Horizont in den Übergangszeiten. Vielleicht nichts beobachten. Es sei denn, es ließe sich im Inneren etwas bemerken. Was wir dort sehen – ich stelle eine Frage –, ist das der Spiegel eines Gartens des Inneren, vermauert gemäß den immer unbekannten Regeln, der sich von Zeit zu Zeit offenbarte, wenn die Zeit es uns erlaubt und wir es beschließen, vielmehr noch, wenn etwas in uns dieses Risiko auf sich nimmt, ein großartiger Wunsch: anschauen?

Und wenn es nur das war, die Signatur?

Ja, wenn in Wirklichkeit Tun und Wissen hinter der Ergriffenheit zurückträten? Könnte der Zustand der enthüllten (oder der halb verschleierten) Dinge, unbearbeitet dargeboten und in Worte (manchmal in Bilder) übersetzt – sehen ist nichts ohne die Sprache des Blicks –, jedem von uns gehören wie ein eigener Schatz? Eine einzigartige Weise zu lesen und zu sprechen? Zu schreiben. Zu signieren.

Wir sind durchdrungen von dem, was uns umgibt. Durchdrungen von anderem, wie es anders machen? Wie kann man auf ein Eigentum Anspruch erheben – auf eine Idee oder ein Gut –, wo doch alles unter ständigem Schieben und Stoßen flimmert? Wie kann man wissen, was uns leitet?

Diese Fragen habe ich mir gestellt, weil man sie mir gestellt hat. Warum sollte ich das sonst tun? Legitime Unruhe: Was machen Sie, um das Werk sicherzustellen, und ich, Ihr Auftraggeber, sagen die Auftraggeber, wie kann ich sicher sein, dass das Bild so bleibt? Habe ich es nicht von Ihnen gekauft? Habe ich nicht das Recht, auf die langfristige Erhaltung zu hoffen?

In meinem eigenen Garten könnte ich, der Gärtner, die genaue Form am folgenden Tag nicht voraussagen. Nur der Augenblick existiert. Wie soll man dann die Zukunft eines fernliegenden Geländes gewährleisten, dessen Vögel man nicht einmal kennt? Die Gärtner wechseln, und die Auftraggeber verweilen kaum. Könnte man statt des Bildes – von diesen und jenen verändert – den Geist fortdauern lassen?

Von allen Gärten, für die ich verantwortlich bin, betreue ich nur die Domaine du Rayol weiter. Das Conservatoire du Littoral hat wahrscheinlich ein Bewusstsein von der Unbeständigkeit dessen, was es verwaltet. Wahrscheinlich ermisst es das Unvermögen der einzelnen Architekturen, das Projekt zu fixieren. Es weiß, dass das Lebendige sich der Herrschaft entzieht und dass die Signatur, wenn sie existiert, mehr aus einer Ungenauigkeit, einem Gefühl erfolgt – dem Geist des Ortes eben –, als aus lesbaren und perfekten Formen. Entzauberungen.

Der Gärtner ist vielleicht nicht derjenige, der die Formen andauern lässt, aber wenn er kann, lässt er die Bezauberung fortleben.

Man muss es versuchen.

ANMERKUNGEN

1 Walachei ist als Äquivalent für das französische fouchtra-ouest gewählt: ein verbreitetes volkstümliches Wort für Unordnung, Chaos (A. d. Ü.)

2 Eine Ausnahme stellt z. B. die auf Ökologie spezialisierte Zeitschrift *Les Quatre Saisons du Jardinage* dar.

3 Placo: ein geschützter Produktname für Isolationsplatten (A. d. Ü.)

4 Regionaler Name für die Gelbgrüne Zornnatter oder Zamenis im Berry und in der limousinischen Mark.

5 Gelbgrüne Zornnatter: *Zamenis gemonensis, Laurenti* oder *Zamenis gemonensis, viridiflavus*, heute *Coluber viridiflavus*, 1789 benannt durch Lacépède.

6 Raymond Rollinat, *La Vie des reptiles de la France centrale*, Delagrave 1934, 1937 und 1946. Neuauflage 1980 durch die Société Herpétologique de France.

7 Siehe die vollständige Liste der zwischen 1994 und 1998 beobachteten Arten in Gilles Clément, *Le Jardin en Mouvement*, Sens et Tonka, 4. Aufl., Paris 2001. Zwischen 1998 und 2003 hat sich die Zusammensetzung der Arten sehr geändert. Seifenkraut (*Saponaria officinalis*), Ähriger Ehrenpreis (*Veronica spicata*), Tauben-Skabiose (*Scabiosa columbaria*), Skabiosen-Flockenblume (*Centaurea scabiosa*) und Fenchel (*Foeniculum vulgare*) haben sehr an Bedeutung gewonnen.

8 Beziehungsweise: *Iphiclides podalirius*, *Limenitis camilla*, *Vanessa cardui*, *Pandoriana maja*, *Colias croceus*, *Papilio*

machaon, Hipparchia semele, Macroglossum stellatarum, Hemaris tityus.

9 Die Mahd findet zwischen Ende September und Anfang November statt. Die Richtlinien für die späte Mahd hat Philippe Darge gegeben, damals Präsident der Fédération des Entomologistes de France. Die Beobachtungen der Diversität im bewirtschafteten Wald durch die ONF im Burgund weisen auf diese Zeit der Mahd als besten Schutz der Entomofauna hin, die dazu neigt, sich zu »begraben«, wenn der Winter naht.

10 Im Tropenklima äußert sich die Diversität vor allem bei den Hölzern. Ein Tropengarten gewinnt als hängender Garten, siehe »Kronendach« (3. Kapitel).

11 Sprich: Der Planet (der Planetarische Garten).

12 Die Universität ist nach Angers umgesiedelt und heißt heute ENSH (École Nationale Supérieure d'Horticulture.

13 *Draba verna*: Frühlings-Hungerblümchen mit grundständigen Blättern. Ohne die Blüten ist die Pflanze nicht höher als 1 cm (Kreuzblütler).

14 Im Biom Fynbos (südafrikanisches Buschland) gibt es zahlreiche, ans Feuer angepasste Proteaceen. Die in dieser Landschaft heimisch gemachten Hakea-Arten und Eukalypten kommen ursprünglich aus Australien und sind zur vegetabilen Pest erklärt.

15 Einige Samenkörner brauchen einen chemischen Schock. Rauch hebt die Dormanz der Restios auf.

16 Die in einer Generation erworbene Eigenschaft »Fettleibigkeit« wird sich, nachdem sie eine Generation übersprungen hat, als ererbte Eigenschaft erneut bei den Enkeln finden. Siehe: H. Morin, *Le Monde* 28/08/2002.

17 Garten in Valloires an der Somme; Vallée de l'Authie in der Nähe von Abbeville. Syndicat Mixte d'Aménagement de la Côte Picarde (SMACOPI). Von Jean-Christian Cornette geleitete Projekte.

18 Leitung der Baustelle: Olivier Baert und Miguel Georgieff.

19 *Die Entstehung der Arten* von Charles Darwin erschien 1850.

20 Yves Delange, *Lamarck*, Actes Sud, Arles 2002.

21 Eine vierteljährlich erscheinende Zeitschrift des Conservatoire des collections végétales spécialisées.

22 Henri Laborit, *La Nouvelle Grille*, Gallimard, Folio Essais 1974.

23 Francis Hallé, *Éloge de la plante*, Le Seuil, Science ouverte 1999. Hallé ist Inhaber des Lehrstuhls für Tropische Botanik in Montpellier und Leiter der Mission »Radeau des Cimes«.

24 *Un pays sans hiver* zeigt das Ensemble des Hochlandes zwischen dem Wendekreis des Krebses und dem Wendekreis des Steinbocks.

25 In *Un pays sans hiver* entwickelt Francis Hallé eine kühne These: Die ganzjährig gleiche Tageslänge in den Tropen induziert eine zyklische Zeit. Alles ist in jedem Moment möglich. Außerhalb der Tropen teilt sich die lineare Zeit in günstige oder ungünstige Jahreszeiten für bestimmte Handlungen (Synchronismus). Ein Bild, das sein Denken zusammenfasst: In den Tropen gibt es Revolten, anderenorts Revolutionen. Der Photoperiodismus bei den Pflanzen ist wohl bekannt. Bei den Tieren und den Menschen ist die lange mysteriös gebliebene Zwirbeldrüse vor dem Kleinhirn Sammelplatz der photoperiodischen Informationen.

26 »Radeau des Cimes«: Wipfelfloß ist der Name einer wissenschaftlichen Expedition über die Biodiversität in Wäldern. (A. d. Ü.)

27 Enorme Einsätze beeinflussen die Diversität. Die vorhandenen Labore und Sponsoren sind mir nicht entgangen, aber wir waren über jedem kommerziellen Projekt und sozusagen außerhalb.

28 Ein Heißluftballon, der von einem Seil geführt wird und eine Person auf einem um 360 Grad drehbaren Stuhl tragen kann. (A. d. Ü.)

29 Das auf die Bäume verfrachtete Wipfelfloß passt sich der Form der Wipfel an. Das anfängliche Modell aus sechs aufblasbaren Schläuchen und sechs regelmäßigen Seiten ist eine längliche Brezel geworden. (A. d. Ü.)

30 Ikos: von Ikosaeder, ein Polyeder mit 20 Flächen und einer Metallrahmenstruktur, der in eine Astgabel großer Bäume geklemmt wird.

31 Man führt einen Primärwald in Polen an und den mythischen Wald von Derborence in der Schweiz, den Ramuz beschrieben hat und der wegen seiner Lage vor den Menschen geschützt ist: ein vom zivilisierten Platz durch vertikale Wände getrennter Sockel auf dem Gipfel eines Bergs im Wallis. Das Projekt »Île Derborence« im Zentrum des Parc Matisse in Lille ist davon inspiriert. Es symbolisiert keinen neuen Primärwald, der per Definition unmöglich wiederhergestellt werden kann, sondern einen idealen Wald der Zukunft, hervorgegangen aus dem planetarischen Durchmischen.

32 Seit mehr als dreißig Jahren sammelt die Stadt Curitiba (Brasilien) den von den Bewohnern in Hinblick auf das Recyceln sortierten Abfall gemäß einer originellen Formel: Troco Verde (Grüner Tauschhandel). Im Tausch gegen sortierten Abfall erhält jeder Bewohner das gleiche Gewicht an frischem Gemüse und Früchten des Tages. Sein Erfinder, Jaime Lerner, war lange Bürgermeister dieser Stadt und kann vielleicht als planetarischer Gärtner betrachtet werden.

33 Meilland: die 1850 gegründete Rosenzüchterei in Le Lucen-Provence. (A. d. Ü.)

34 Kauri-Baum: *Agathis sp.* gehört zu den größten Koniferen der südlichen Hemisphäre.

35 Grévin-Führer: das Musée Grévin ist ein Wachsfigurenkabinett in Paris (A. d. Ü.)

36 HLM: Habitation à Loyer Modéré, eine Form des sozialen Wohnungsbaus in Frankreich und der Schweiz. (A. d. Ü.)

37 Velo-Solex: Mofa, das vom französischen Vergaserhersteller Solex erfunden und bis 1988 hergestellt wurde. (A. d. Ü.)

38 Kawi: poetisches Sanscrit, das im Gebrauch der Priester geheiligt wird.

39 Heute verpflichten die Anweisungen der indonesischen Zentralregierung die Balinesen, einen neuen Reis zu be-

nutzen, der drei statt zwei Ernten erlaubt. Diese Variante von *Oryza sativa* ist Krankheiten unterworfen und erfordert Behandlungen, die das Ökosystem der Reisfelder bedrohen. Libellen und ihre Larven, Frösche, Schlangen, Aale und Fische, allesamt zusätzliche Quellen proteinhaltiger Nahrung, verschwinden allmählich.

40 Konzepteur: Die wörtliche Übersetzung des französischen Worts *concepteur* wurde gewählt, um der Darlegung bequemer folgen zu können. (A. d. Ü.)

41 Patrick Berger, Jean-Paul Viguer: Architekten; Gilles Clément, Allain Provost: Landschaftsarchitekten.

42 Paysagiste ist ursprünglich die Bezeichnung für einen Landschaftsmaler, später für denjenigen, der einen Garten entwirft. Bis heute heißt das staatliche Hochschuldiplom Le Diplôme d'État de paysagiste. Die entsprechende deutsche Bezeichnung lautet Landschaftsarchitekt (früher Gartenarchitekt) und wird in der Übersetzung verwendet, da paysagiste (buchstäblich übersetzt: Landschaftler) der Bezeichnung Landschaftsgärtner nur vermeintlich entspricht. Der Landschaftsgärtner, ein Lehrberuf, führt vom Landschaftsarchitekten entworfene Pläne aus. (A. d. Ü.)

43 DCE: Data Communication Equipment bzw. Data Circuit-Terminating Equipment einer Datenstation. (A. d. Ü.)

44 Eine solche Frage wäre ohne einen modernen Befund zweifellos nicht aufgetaucht: Der Mensch ist überall, und überall versucht er, alles zu nutzen. Diese Unruhe ist kaum mehr als zwei Jahrhunderte alt (vgl. Lamarck, Kapitel Fährleute).

45 *Barteria fistulosa* (Passifloraceae): wächst in den westafrikanischen Wäldern deutlich weniger gut ohne die Gegenwart von Ameisen (Information von Francis Hallé).

46 Der Ausdruck ist analog zum Dritten Stand und nicht zur Dritten Welt herangezogen worden und bezieht sich auf die Flugschrift von Sieyès vom Januar 1789: »*Was ist der Dritte Stand? – Alles. – Was ist er bisher in der Politik gewesen? – Nichts. – Was fordert er? – Etwas zu werden.*«

47 ENA: École Nationale d'Administration, die große Eliteschule für Verwaltung. (A. d. Ü.)

48 Leiter des Fachbereichs Écologie Végétale ist Marc Rumelhart. Seine Assistenten sind Gabriel Chauvel und Olivier Jacqmin.

49 Gertrude Jekyll (1843–1932) arbeitete, die Beiträge William Robinsons nutzend, daran, blühende Pflanzenkombinationen im Laufe des Jahres reicher werden zu lassen. Dabei ging sie von lebendigen Pflanzen aus. Lange wirkte sie mit dem Architekten Luytens zusammen.

50 Die Übung »Gärtnern«, die auf Initiative des Fachbereichs Ökologie über drei Jahre im Potager du Roy (ENSP) für Studenten eingerichtet wurde, wird noch als Zeitvertreib betrachtet, ohne Wirkung in den Kursen, obwohl es sich um eine grundlegende Übung handelt (geleitet von Liliane Motta und Yves Gillen).

51 Guillaume Geoffroy-Dechaume wirkte im Atelier Acanthe, das er bis 2003 leitete. Neben zahlreichen anderen Projekten ist er Schöpfer des Parc du Chemin de l'Ile in Nanterre.

52 Jean Chatelut, *Village-visage*, Édition Payse, Saint-Benoît-du-Sault 2003.

53 Adrienne Cazeilles, *Quand on avait tant de racines*, Éditions Trabucaire, Canet-en-Roussillon 2003.

54 Nur Fachzeitschriften wie *Urbanisme, architecture, paysage* machen sich die Mühe, alle Teilnehmer zu nennen.

55 Botanische Namen aller in dieser Passage genannten Pflanzen, in der Reihenfolge ihres Erscheinens: *Aquilegia vulgaris*, *Pulmonaria saccharata*, *Stellaria holostea*, *Cyclamen repandum*, *Prunus spinosa*, *Ficus carica*, *Nelumbo nucifera*, *Capsella bursa-pastoris*, *Euphorbia lathyris*, *Euphorbia helioscopia*, *Euphorbia amygdaloides*, *Sedum spectabile*, *Corydalis claviculata*, *Salvia officinalis*, *Poa annua*, *Hieracium aurantiacum*, *Festuca glauca*, *Helictotrichon sempervirens*, *Helleborus orientalis*, *Alchemilla mollis*, *Cytisus battandieri*, *Erica X »Silberschmelze«*, *Geranium macrorrhizum*, *Gladiolus byzantinus*, *Tropaeolum majus*, *Allium sphaerocephalon*, *Tulipa tarda*,

Vaccinium corymbosum, Ceanothus thyrsiflorus, Rosa »Nozomi«, *Bambusa sulfurea, Parrotia persica, Chrysosplenium oppositifolium, Lamium maculatum, Glyceria aquatica, Gaultheria shallon, Gunnera manicata, Eschscholzia californica, Cornus sanguinea, Ligustrum ionandrum, Passiflora caerulea, Wisteria sinensis.*

INHALTSVERZEICHNIS

Dieses Buch erscheint im Rahmen des Förderprogramms des Institut francais.

INSTITUT FRANÇAIS

Erste Auflage Berlin 2017

Göhrener Str. 7 | 10437 Berlin
info@matthes-seitz-berlin.de

Umschlaggestaltung: Dirk Lebahn, Berlin
Satz: psb, Berlin
Druck und Bindung: Pustet, Regensburg

ISBN 978-3-95757-230-1

www.matthes-seitz-berlin.de